모든 것이 달라지는 30초 희망메시지

———————————————————— 님께

모든 것이 달라지는 30초 희망 메시지

비상

5쇄 인쇄 2015년 8월 10일
초판 1쇄 인쇄 2013년 2월 15일 **초판 1쇄 발행** 2013년 2월 20일

지은이 양광모

펴낸이 김용태 **펴낸곳** 이룸나무
편집장 김유미
출판신고 제2015-000016 (2009년 9월 16일)
주소 410-828 경기도 고양시 일산동구 산두로 265-17 3층 (정발산동)
전화 031-919-2508 | **E-mail** iroomnamu@naver.com
마케팅 출판마케팅센터 031-943-1656
가격 13,000원
ISBN 978-89-98790-00-4 03040
ⓒ양광모

비상 ^{飛上}

비상 ^{飛上}

이룸나무

날마다 30초, 새롭게 가다듬는 시간

●●● 아무도 내게 인생이 무엇인지, 청춘의 시기는 어떻게 값지게 보내야 하는지, 결혼과 부부관계에 있어 가장 중요한 것은 무엇인지, 노년을 위해 준비해야 할 것은 무엇인지….
귀띔해주지 않았다.
성공과 행복은 무엇인지, 죽고 싶을 만큼 고통스러운 실패와 좌절의 순간에도 어떻게 희망을 잃지 않을 수 있는지, 어떻게 절망을 희망으로 바꿔 충전할 수 있는지…. 귀띔해주지 않았다. 열 명의 친구를 사귀는 것보다 한 명의 적을 만들지 않는 것이 중요하다는 것도 인생은 비싼 수업료를 두둑하게 챙긴 다음에야 뒤늦게 귀띔해주었다.

●●● 그렇게 세월은 빠르게 지나갔다. 사랑을 모르며 사랑을 했고, 아내를 모르며 남편이 됐고, 나를 모르며 나로, 인생을 모르며 인생을 살았다. 자식의 도리도 못한 채 아비가 됐고, 아비의 도리도 못한 채 하루하루 정신없이 질주하던 어느 늦가을, 인적 드문 거리로 요란스

레 낙엽을 몰고 지나가던 바람이 내게 살짝 귀띔해주었다.

"잘 살기 위해 잘못 살고 있는 것은 아닐까?"

●●● 나는 잘못, 그것도 아주 크게 잘못 살고 있었다. 초보인생이니 어쩔 수 없는 일이라고 자위해도 마음은 여전히 개운하지 않았다. 그 것이 바로 이 책을 쓰기 시작한 이유다.

여기에 실린 글은 내가 살아온 날들에 대한 애틋한 추억이자, 절절 한 체험이며, 쓰라린 실패담, 농밀한 깨달음이다. 처음에는 사랑하는 아들, 딸에게 전해주려고 쓰기 시작했는데, 주변의 권유에 힘입어 세 상 사람들을 위한 귀띔, 비상을 위한 〈인생의 나침반〉으로 고쳐 쓰기 시작했다. 아무쪼록 이 '귀띔'이 독자의 삶에 작은 지혜와 마음의 평화 를 기져다주길 기대해 본다. 무엇보다 이 책을 통해 '잘 살기 위해 잘 못 살고 있는 것은 아닌지?' 다시 한 번 생각해 볼 계기가 된다면, 매일 아침 새로 희망을 충전하여 가슴 벅찬 비상의 하루를 시작할 수 있다면, 기쁘고 큰 보람일 것이다. 가슴으로 쓴 책이니만큼 천천히, 한 번에 30초씩 가슴으로 읽어주길 바란다.

●●● 마지막으로 귀띔 한마디를 덧붙인다.
"세상에는 세 가지 지혜가 있다. 인생이 제때마다 알려주는 것들, 인생이 뒤늦게 알려주는 것들, 인생이 절대로 알려주지 않는 것들이다. 현명한 삶을 살기 위해서는 인생이 뒤늦게 알려주는 것들, 그리고 인생이 절대로 알려주지 않는 것들에 더욱 많은 관심을 가져야 한다."

2013. 2
양광모

CONTENTS

飛上

제1부
희망을 주는 비상

희망은 인생의 등대입니다. 암흑 속에서 길을 잃지 않도록 우리를
항구로 이끌어주는 한 줄기 찬란한 빛입니다.
인생을 살다 보면 견디기 힘든 슬픔과 실패, 좌절의 순간들이
끊임없이 우리를 찾아옵니다. 그렇지만 이런 절망의 순간에도
우리는 꿈과 삶을 포기하지 않고 꿋꿋하게 역경을 이겨야 합니다.

꿈

001

꿈이란 대개 머리는 **만류하고**, 가슴은 **재촉하는** 일이다.

나에게는 평생 이루고 싶은 꿈 세 가지가 있다.

그것은 바로

자유,

열정,

낭만이다.

003

꿈을 잊어버린 사람은 불운하지만,
꿈을 잃어버린 사람은 불행하다.

인생에서 가장 위험한 사람은 야망 없는 청년,
희망 없는 중년, 가망 없는 노년.

무언가를 하고 싶은데 불가능하다는 생각 때문에 포기한다면,
그것은 꿈이 아니다.

역사는 승자의 기록이요, 현재는 행동하는 자의 기록이요,
미래는 꿈꾸는 자의 기록이다.

007

돼지꿈을 꾸기 위해서는 돼지 그림을 찾아 헤매지만,
정작 인생의 꿈을 위해서는
별다른 노력을 기울이지 않는 존재가 사람이다.

008 ╲

꿈이란 상표가 아니라 사용설명서다. 진정한 꿈은 무엇이 되겠다
는 것이 아니라 어떻게 살겠다는 목표다.

009 ╲

꿈은 인생이라는 영화의 예고편이다. 그러니 가능한 한 최고로 멋
진 꿈을 꿔라. 흔히 그렇듯이 예고편이 흥행을 좌우한다.

010 ╲

시계는 되돌릴 수 있지만 시간은 되돌릴 수 없고,
미래는 앞당길 수 없지만 꿈은 앞당길 수 있다.

011
벼르다. 벼리다. 버리다. 서로 비슷해서 구분하기도 힘든
작은 차이가 인생에서는 너무나 뚜렷한 큰 격차를 만들어 낸다.
꿈을 버리지 말고, 꿈을 벼르지 말라. 오직 꿈을 벼려라.

012
'꿈꿀 수 있다면 이룰 수 있다'는 말을 나는
그다지 좋아하지 않는다. 내가 좋아하는 것은
'꿈꿨다면 이뤄야 한다'는 말이다.
가능성보다는 당위성을, 기대감보다는 방법을 찾는 데
관심을 기울여야 한다.
"나는 할 수 있다"고 말하지 마라.
"나는 한다"고 말하라.

013

매일 아침 열정과 흥분으로 나를 깨어나게 만들지 않는다면, 하루 종일 미치고 터져 버릴 것처럼 가슴을 뛰게 만들지 않는다면, 매일 밤 새로운 기대와 설렘을 안고 잠자리에 들게 만들지 않는다면, 그것은 꿈이 아니다. 꿈은 각성제요, 흥분제요, 마취제다.

014

대왕고래(Bulewhale)는 지구상에서 가장 큰 동물이다. 기록상으로 가장 큰 것은 길이가 33.5m, 몸무게가 190톤에 이른다. 세상을 바꾸고 싶다면 꿈(Blue)과 힘(Whale)을 가져라. 꿈 없는 힘은 무익하고, 힘없는 꿈은 공허하다.

015

바람이 불면
가지는 심하게 요동치지만
줄기는 거의 흔들리지 않고
나무 본체는 미동도 하지 않는다.
어떤 일을 하려는데 마음이 흔들린다면
그것은 본질이 아니라 지엽(枝葉)이라는 뜻이다.
뿌리 깊은 나무는 바람에 흔들리지 않고
뿌리 깊은 꿈은 역경에 쓰러지지 않는다.

희망

016 ·

욕망에 충실하지 말고 희망에 충실하라.

017 ·

낙관론자는 한계가 없고, 비관론자는 한 게 없다.

018 ·

인생은 비극이다, 당신이 비극배우라면.
인생은 희극이다, 당신이 희극배우라면.

019 ·

희망이란 종교와 같다. 믿는 사람에게는 존재하지만,
믿지 않는 사람에게는 존재하지 않는다.

020 ·

모든 일에 희망을 가져라.
고장 난 시계도 하루에 두 번은 정확히 시간을 맞출 수 있다.

021 ⟍

비관론자는 탈출구를 찾고 현실론자는 비상구를 찾지만,
낙관론자는 돌파구를 찾는다.

022 ⟍

성공이 졸업이라면 도전은 입학이다.
포기는 중퇴요, 용기는 월반,
희망은 훌륭한 교사다.

023 ⟍

미래란 우편함과 같다. 반가운 소식이 들어 있을지,
압류 통지가 들어 있을지는 열어보기 전까지 아무도 알 수 없다.

024 ⟍

미래는 주사위와 같나. 낙관론자는 6이 나올 것이라 기대하고,
비관론자는 1이 나올 것이라 걱정한다.

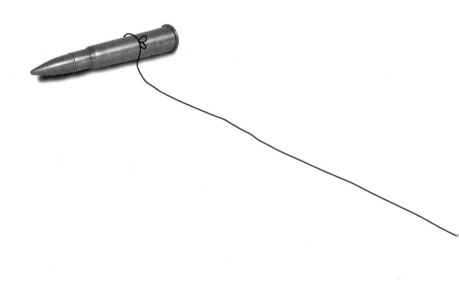

025

비관론자에게 인생은 전쟁터지만,
낙관론자에게 인생은
전쟁터에 피어나는 한 송이 꽃이다.

살다 보면
길이 보이지 않을 때가 있을 것이다.
원망하지 말고 기다려라.
눈에 덮였다고
길이 없어진 것이 아니요,
어둠에 묻혔다고
길이 사라진 것도 아니다.
묵묵히 빗자루를 들고
눈을 치우다 보면
새벽과 함께
길이 나타날 것이다.
가장 넓은 길은
언제나 내 마음속에 있다.

027

노력을 해도 뜻대로 되지 않는 일이 있을 것이다. 억울해 하지 마라. 곰곰이 되짚어 보면 별다른 노력을 기울이지 않고도 쉽게 얻어진 일이 있을 테니까. 인생에서 모든 결실의 합은 모든 노력의 합에 비례할 뿐이다.

028

인생이란 하나를 얻으면 하나를 잃고, 하나를 잃으면
하나를 얻는 것. 비관주의자는 잃는 것에 관심을 갖고,
낙관주의자는 얻는 것에 관심을 갖는다.

029

신이 세상을 공평하게 만들지 않았다는 사실은 잘 알려져 있다.
그렇지만 그에 대한 인간의 불평이 세상을 더욱 불공평하게
만든다는 사실은 그다지 잘 알려져 있지 않다.

생각대로 일이
잘 풀리지 않을 때
아무리 노력해도
뜻대로 되지 않을 때
무엇을 어떻게 해야
좋을지 모르겠는 때
너무 힘이 들어
한 발자국도 꼼짝할 수 없을 때
거대한 벽 앞에
서 있는 것 같을 때
천길 낭떠러지 끝에
서 있는 것 같을 때
그래도 그냥
주저앉고 싶지 않을 때
그 순간이 되면
나를 찾아오렴
다시 새롭게 도전할 수 있는
힘을 네게 줄게
나의 이름은 희망이야

| 28 |

꿈이 없어도 괜찮아

얼굴이 못생겨도 괜찮아

키가 작아도 괜찮아

뚱뚱해도 괜찮아

건강하지 않아도 괜찮아

영어를 못해도 괜찮아

돈이 없어도 괜찮아

능력이 없어도 괜찮아

소심해도 괜찮아

실패해도 괜찮아

외로워도 괜찮아

그냥 나만 믿어

이 세상이 끝나는 날까지

너를 지켜줄게

어둠을 빛으로

실패를 성공으로

불행을 행복으로 바꿔주는

나의 이름은 '긍정'이야

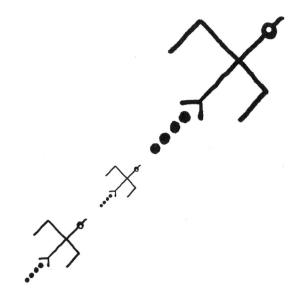

飛上

제2부
용기를 갖는 비상

세상과 인생이 참 두려울 때가 많습니다. 내가 겪어야 할 상황들이
한 치 앞을 내다볼 수 없는 짙은 어둠 속에 놓여 있기도 합니다.
그렇게 앞날을 예측할 수 없는 미래는 종종 우리를 깊은 불안감에
빠져들게 만듭니다. 그래도 우리는 압니다. 꿈을 이루기 위해서는
끝까지 용기를 잃지 말고 어둠 속으로 뛰어들어야 한다는 것을.

032

인생을 진지하게 살기에는 나는 아직 너무 젊다.

033

인생에서 가장 미친 짓은 한 번도 미치지 않는 일이다.

034

낮 뜨겁게 만드는 사람이 있고,
가슴 뜨겁게 만드는 사람이 있다.

036

사는 것처럼 살고 싶은가? 먼저 죽을 것처럼 한 번 살아 보라.

036

몸의 체온은 37℃를 유지하고, 영혼의 체온은 100℃를 유지하라.

037

죽음이란 신이 정해 준 유통기한, 열정이란 신이 넣어 준 방부제.

038

진부함이란 부진함이 자신의 얼굴을 가리기 위해 쓰는 마스크다.

039 ﹀

가슴 속에 피 끓는 열정이 없다면,
그가 누워야 할 곳은 침대가 아니라 무덤이다.

040 ﹀

꿈에서 점 하나를 빼면 '꿈'이 된다. 그 점의 이름은 열정이다.
뜨겁게 타오르면 꿈이 되고, 차갑게 식으면 꿈도 꺼진다.

041 ﹀

월드컵, 올림픽, 2월 29일, 국회의원,
삶에 대한 뜨거운 열정…….
잊힐 때쯤이면 다시 찾아오지만, 곧 우리 곁을 떠나고 만다.

042 ﹀

자유를 얻기 위해 필요한 것은
펄럭이는 날개가 아니라
펄떡이는 심장이다.

마음이 따뜻해지는 7가지 '해'

1. 사랑해
"당신을 사랑해" "너를 좋아해"라고 말하세요.
마음이 따뜻해질 거예요.

2. 감사해
"당신에게 감사해" "네게 고마워"라고 말하세요.
마음이 따뜻해질 거예요.

3. 소중해
"당신이 소중해" "네가 중요해"라고 말하세요.
마음이 따뜻해질 거예요

4. 대단해
"대단해" "훌륭해"라고 말하세요..
마음이 따뜻해질 거예요

5. 미안해
"미안해" "용서해"라고 말하세요.
마음이 따뜻해질 거예요

6. 이해해
"이해해" "인정해"라고 말하세요.
마음이 따뜻해질 거예요.

7. 함께해
"함께해" "먼저 해"라고 말하세요
마음이 따뜻해질 거예요.

그대는 해 보았는가?
해 보려면 '해'가 있어야 한다.
가슴속에 '해'가 있는 사람만이 도전할 수 있다.
성공하고 싶다면 어둠을 헤치고 붉게 솟아오르는
불덩이 하나쯤 가슴에 품어야 한다.
해는 꿈이다. 해는 열정이다. 해는 가슴앓이다.
못 견디게 뜨겁고, 치열하게 달아오르고,
오금 저리게 사무치는 것이다.
밤이면 어둠속에 가려있다가도
아침이면 새롭게 솟아오르는 희망이다.
아침마다 내 가슴속에는 붉은 해돋이가 벌어진다.
나는 해 보고, 해 보고, 또 해 볼 것이다.
그리고 성공 후에 이렇게 말해 보리라.
"나는 해 봤다."

#도전

044
질러라. 저질러라. 질릴 때까지.

045
언제나 용감해질 수는 없지만, 누구나 용감해질 수는 있다.

046
약점이란 없다. 단지 약한 마음이 있을 뿐이다.

047
그늘 밑에 숨어 있다면 태양은 보이지 않기 마련.

048
명심하라. 성공에 필요한 것은 행운이 아니라 행동이다.

049

용기가 앞장서면 불운이 비켜가고,
두려움이 앞장서면 운명이 막아선다.

050 ╲

인생을 살다 보면, 어느 날 문득
이런 생각이 떠오를 날이 있을 거야.
'정말 이대로 그냥 끝나 버리는 걸까?
잃어버린 꿈을 되찾을 수 없을까?
모든 것을 접어 두고
새롭게 다시 시작할 수 없을까?'
그 때가 되면 나를 부르렴.
너의 곁으로 달려가 함께 출발해 줄게.
세상을 향해 큰 목소리로 나의 이름을 외쳐 봐.
"이대로 끝내기는 너무 억울해"

051

하고 싶은 일을 하며 인생을 살고 싶다면,
먼저 하기 싫은 일부터 해 보라.

052

두려움이란 암과 같다.
조기에 제거하지 않으면 걷잡을 수 없을 만큼 커진다.

053 ⟍

인생에서 가장 후회스러운 일은 미처 끝맺지 못 한 일이 아니라,
미처 시작하지 못 한 일이다.

054 ⟍

알에서 깨어나라. 당신이 독수리인지 병아리인지는 껍질을 깨뜨리
기 전까지 절대로 알 수 없다.

055 ⟍

스스로를 '쓸 데 없는 인간'이라고 생각하는 사람이 있다면, 나는
이렇게 제안하고 싶다. '우리 집 마당으로 오라'

056 ⟍

후회가 과거를 바꾸지 못하고,
걱정이 미래를 바꾸지 못하며,
오직 행동만이 현재를 변화시킨다.

057 ⟍

직장이 마음에 들지 않는가?
그렇다면 사표를 던져라.
인생이 마음에 들지 않는가?
그렇다면 출사표를 던져라.

사람들은 모두 무모한 일이라며 만류했다.

사실 내가 생각해도 무모한 짓임에 틀림없었다.

그래서 그 일을 시작했다.

059 ﹅

재능이란 신으로부터 받은 백지수표와 같다. 얼마큼 금액을 써 넣을 것인지는 전적으로 우리 자신에게 달려있다.

060 ﹅

모든 사람에게 똑같이 주어진 한 가지 신성한 의무가 있다. '한번뿐인 인생을 하고 싶은 일을 하며 살기 위해 노력할 것'

061

스스로를 '별 볼 일 없는 인간'이라고 생각하는 사람에게
내가 해 줄 수 있는 조언은 한 가지뿐이다.
"이제 그만 밤잠을 줄여라."

062

숨겨진 재능을 찾으려 노력하지 않는 것은,
포장도 뜯지 않은 채 소포를 보관하는 일과 마찬가지다.
신이 무엇을 담아 보냈는지
우리는 반드시 확인해 봐야 한다.

063

살아가는 일이 외롭고 힘들 때
스스로를 두 팔로 끌어안으며 응원하라.
세상은 자기 자신을 사랑할 줄 아는 사람을 사랑하는 법이다.
지금 당신에게 응원을 보내라.

064

재능이 부족하다고 걱정하지 마라. 인생에서 재능보다 중요한 것은 진로다. 똑같은 볼펜이지만 메모지에 쓰면 낙서가 되고, 일기장에 쓰면 일기가 되며, 원고지에 쓰면 대본이 된다.

누군가 기발한 생각을 이야기하면,
"왜 나는 저런 생각을 못했을까?"라고 말하는 사람은 많다.
그렇지만 누군가 기발한 행동을 하면,
"왜 나는 저런 행동을 못했을까?"라고 말하는 사람은
그리 많지 않다.
그것이 바로 대부분의 사람들이 성공하지 못하는 이유다.

#운명

066

운명과 갈등은 피해 다닐수록 피해가 커진다.

067

하루에 3번 참고, 3번 웃고, 3번 칭찬하라.
운명이 바뀔 것이다.

068

운명이 가위, 바위, 보 중에서
무엇을 낼지는 잘 모르겠다. 분명한 점은
내가 운명을 향해 주먹을 날릴 것이라는 사실이다.

069 -.

나는 운명의 신이 존재한다는 사실을 부정하고 싶지 않다. 생각해 보라. 만약 그가 없다면, 도대체 우리는 누구와 맞서 싸워 승리를 얻어야 한다는 말인가?

070 _.

누구나 인생에는 세 번의 기회가 찾아온다. 운명의 여신이 미소 지을 때, 행운의 여신이 손짓할 때, 그리고 운명이나 행운의 여신 따위는 존재하지 않는다고 믿을 때.

071 -.

아무것도 포기할 수 없다. 언제나 포기할 수 없다. 어디서나 포기할 수 없다. 어떤 방식으로든 포기할 수 없다. 그것이 운명과의 승부인 한 나는 절대로 포기할 수 없다.

#용기

072 ~

사람들이 불운에 대처하는 방법에는
세 가지가 있다.
패배자는 눈물을 흘리고,
불평가는 침을 뱉고,
노력가는 땀을 흘린다.
화학성분은 비슷하지만
어떤 액체를 배출하느냐에 따라
운명이 달라진다.

인생을 바꾸고 싶다면 세 가지 버릇을 바꿔라.

첫째는 마음버릇이다.

부정적인 생각은 버리고 항상 긍정적으로 생각하라.

둘째는 말버릇이다.

비난과 불평은 삼가고 칭찬과 감사를 입버릇으로 만들어라.

셋째는 몸버릇이다.

찌푸린 얼굴보다는 활짝 웃는 사람, 맥없는 사람보다는

당당한 사람이 성공한다.

운명을 바꾸고 싶다면 독서와 교육,

그리고 훈련을 통해 마음버릇, 말버릇, 몸버릇을 바꿔라.

성공도 버릇이요, 실패도 버릇이다.

인생이라는 전쟁터에서 운명의 공세에 시달릴 때마다 나는 이렇게
묻곤 하였다. "끝까지 싸워 이겨 전사(戰士)로 살아남을 것인가? 아
니면 덧없는 패배로 전사(戰死)하고 말 것인가?" 인생은 전쟁이다.
전사(戰死)하지 말고 전사(戰士)로 살아남아라.

飛上

제 3 부
성공을 얻는 비상

'인생에서 추구하는 목표를 이룬 상태'를 성공이라 부릅니다. 사람에 따라
그 목표가 돈, 명예, 권력, 자유로운 여행가의 삶이 되기도 합니다.
이런 꿈을 현실로 만들어 주는 성공은 어떻게 해야 손 안에 넣을 수 있는
걸까요? 성공을 이루는 것도 중요하지만 우리가 꿈꿔야 할 것은 '무조건적인
성공'이 아니라 '가치 있는 성공'이라는 점을 잊지 말아야 하겠습니다.

#성공

075

성공의 비결은 발견이 아니라 발명이다.

076

근면은 일생의 빛이요, 게으름은 일생의 빚이다.

077

성공이 '선착순'이라면, 행운은 '뒤로 돌아 선착순'이다.

078

성공이라는 꽃밭으로 들어가는 입구는 대개 가시밭길이다.

079

성공의 비결은 남을 이기는 것이 아니라
자신을 이기는 것이다.

080

'때문에'라고 말하는 사람보다
'덕분에'라고 말하는 사람이 성공한다

081

성공은 초대장을 보내지 않는다.
우리 스스로 성공을 초대해야 한다.

082

인생에서 성공에 대한 자신만의
정의를 갖게 되는 것, 그것이 성공이다.

083

성공이란 징검다리에 불과한 것,
개울 건너편에 더 많은 관심을 가져라.

084

행운은 자신의 자리를 불운에게 넘겨줄 것이라
생각되는 사람에게는 찾아오지 않는다.

085

성공이란 일종의 아이러니다. 정상이 되고 싶은 자는
먼저 비정상이 되어야 한다.

086

성공을 결정하는 것은 교육과 인맥, 배움과 협력이다.
죽을 때까지 배우고 함께 협력하라.

087

노력하면 성공한다는 법은 없다.
그렇지만 노력하지 않아도 성공한다는 법은 더더욱 없다.

성공이란 자신이 원하는 삶을 살아가는 것,
행복이란 자신의 삶이 실패작은 아니라고 믿는 것.

진정한 성공이란 누군가를 부럽게 만드는 것이 아니라,
누군가에게 꿈과 용기를 주는 것이다.

090

최고의 일인이 될 수 있는지는 잘 모르겠다.
다만, 최후의 일인이 되리라는 것만큼은 분명하다.

091

성공하는 사람들은 대개 난독증 환자다.
그들은 '실패' '포기' '불가능'이라는
단어를 읽을 줄 모른다.

092 ╮

조급함은 성공으로 가는 길에 묻힌 지뢰와 같다.
서두르지 말고 천천히 가라. 더 빨리 도착할 것이다.

093 ㄱ

할 일이 없을 때는 빈둥빈둥 시간을 때워라. 틀림없이 허겁지겁 메워야 할 구멍이 미래에 생겨날 테니.

094 ㄱ

내가 없는 자리에서 사람들이 나를 칭찬하기 시작했다면 나는 성공에 필요한 첫 번째 법칙을 이룬 것이다.

095 ㄱ

시제(時制)를 바꾸면 좌우명과 묘비명이 같아지는 그런 인생을 살고 싶다. '열심히 살자'와 '열심히 살았다'처럼.

096

피땀 흘린 대가로 얻은,
작고 보잘 것 없는 성취의 소중함을 깨닫지 못하는 사람은
절대로 큰 성공을 이룰 수 없다.

097

평범한 사람이 되고 싶지 않다면 방법은 한 가지뿐이다.
평범한 사람들이 하는 평범한 변명은 절대로 늘어놓지 마라.

098

나는 성공해서 영웅이 된 것이 아니다. 실패하지 않으려면
영웅이 되어야 한다는 사실을 알았기 때문에
성공한 것이다.

099

성공하지 못하는 사람들이 즐겨 쓰는 세 가지 단어가 있다.
'하필이면' '겨우' '어차피'
그래서 그들의 인생은
'하필이면, 겨우, 어차피' 실패로 끝맺는다.

100 ﹁

성공이란 마라톤과 같다. 42km를 달렸느냐가 중요한 게 아니라, 마지막 195m를 완주할 수 있느냐가 중요하다. 끝까지 포기하지 말고 결승점을 향해 달려라.

101 ﹁

나의 사전에 불가능이란 단어는 존재한다. 나의 사전에 포기란 단어도 존재한다. 그렇지만 두 단어의 용례(用例)는 오직 한 가지뿐이다. "포기하는 것은 절대 불가능함"

102 ﹁

나는 아침형 인간이 성공의 비결이라고 생각하지 않는다.
그렇다고 저녁형 인간을 성공의 비결로 추천하고 싶지도 않다.
내가 첫 번째로 손꼽는 것은 노력형 인간이다.
"어떻게 포기하지 않을 수 있었던 거죠?"라며
사람들이 의문에 찬 표정으로 성공의 비결을 물을 때마다
나 역시 놀라운 표정으로 이렇게 되묻곤 한다.
"어떻게 포기할 수 있다는 거죠?"

2
1 2 3 4 5
6 7 8 9 10 11 12
13 14 15 16 17 18
19 20 21
19 20 21
22 23 24 25
26 27 28 29 30

103

아무 때나 포기하지 마라.
성공에도 때가 있듯이 포기에도
때가 있기 마련이다.
포기하기에 가장 좋은 때는
2월 30일이다.

내가 생각하는 성공방정식은
S=A+I+H로 정리할 수 있다.
S는 성공(Success),
A는 열망(Aspiration),
I는 혁신(innovation),
H는 희망(Hope).
간절하게 성공을 열망하고,
스스로를 지속적으로 혁신시키며,
항상 희망을 잃지 말아야 성공할 수 있다.

인생에도 이따금 작전상 후퇴가 필요하다.
노력해서 안 되는 일은 없지만,
노력해서 안 되는 때는 있기 마련이다.
아무리 애를 써도 승리를 거둘 수 없다면,
미련을 갖지 말고 과감하게 후퇴하라.
중요한 것은 전투에서 이기는 것이 아니라
전쟁에서 이기는 것이다.

106

성공하고 싶다면 행복하게 살아라. 미국에서 성공한 CEO들을 대상으로 성공과 행복의 상관관계를 조사하였다. 그 결과 성공해서 행복을 얻었다고 대답한 사람은 37%에 불과한 반면 나머지 63%는 하루하루를 행복하게 살았더니 성공을 얻었다고 대답하였다. 성공하면 행복해지는 것이 아니라, 행복하게 살면 성공하는 것이다.

107

성공을 위해서는 항상 다섯 가지 질문을 스스로에게 건네라. 첫째, 올바른 일을 하고 있는가? 둘째, 남들과 다른 일을 하고 있는가? 셋째, 어제와 다른 일을 하고 있는가? 넷째, 어제와 다른 방법으로 하고 있는가? 다섯 째, 다른 사람들과 함께 하고 있는가? 이렇게 다섯 가지 질문에 대해 '예'라고 대답할 수 있을 때, 비로소 성공의 충분조건이 갖춰지는 것이다. 성공을 원한다면 매일 아침 다섯 가지 질문을 스스로에게 던져 보라.

108

성공이란 때론 종이비행기와 같다.
만드는 시간보다 날아다니는 시간이 짧지만,
우리는 항상 기쁜 마음으로 종이를 접는다.

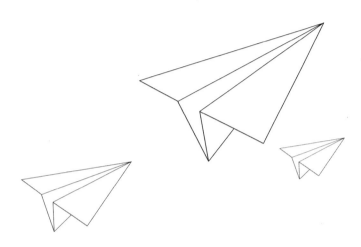

실패

109

인생이라는 나무에는 실패도 한 송이 꽃이다.

110

실패자의 삼십육계는 핑계요, 실패자의 삼십칠계는 변명이다.

좋은 관계를 만드는 심(心)

1. 열심(熱心)
형식적으로 대하지 말고 최선을 다해
열심히 대하라.

2. 진심(眞心)
거짓마음으로 대하지 말고
진실된 마음으로 대하라.

3. 관심(觀心)
상대방에게 깊은 관심을 가지고
대하라.

4. 선심(善心)
도움을 베풀려는 선한 마음으로
대하라.

5. 애심(愛心)
상대방을 아끼고 사랑하는 마음으로
대하라.

6. 조심(操心)
잘못이나 실수가 없도록
조심하는 마음으로 대하라.

7. 인내심(忍耐心)
상대방의 잘못이나 실수는 참고
이해하는 마음으로 대하라.

실패란 실패자에게는 유쾌하지 못한 기억에 불과하지만,
성공자에게는 최고의 영웅담이다.

112 ╮

실패를 업신여기지 말라. 비극적인 성공이 있다면,
희극적인 실패도 있기 마련일 테니.

113 ╮

실패가 성공의 어머니라면 성공은 불효자임이 틀림없다.
그토록 심하게 어미의 속을 썩였으니까.

114

대개 실패하는 사람들의 몸에는 못된 벌레 한 마리가 살고 있다. 그 벌레의 이름은 "대충"이다.

115

무릇 실패는 자충수요, 성공은 외통수다. 돌다리도 두들겨 보고 건너되 외나무다리도 목숨 걸고 건너라.

116

더 슬퍼라. 더 아파라. 더 비참해라. 더 낮게 추락하라. 가장 밑바닥까지 떨어져야 다시 튀어오를 수 있다.

117

슬픔과 고통의 순간마다 나는 스스로에게 이렇게 속삭였다. '너무 불행하다고 생각하지 말라. 조금 덜 행복할 뿐이다.'

118

나이가 들수록 실패를 조심하라. 청춘의 실패는 기침이지만, 중년의 실패는 독감이요, 노년의 실패는 폐렴이다.

119

삶의 고통으로 눈물이 흐를 때는 기억하라,
촛불이 뜨겁게 타오를수록
촛농도 더 많이 고인다는 사실을.

120

성공이 새 신랑이라면,
실패는 미망인 같은 것.
그렇지만 누가 더 많은
유산을 물려줄지는
아직 모르는 일이다.

121 ㄱ

실패와 좌절의 순간마다 나는 이렇게 마음속으로 되뇌곤 하였다
"운명이 나를 위해 특별한 일들을 준비하고 있구나!"

122 ㄱ

어려움에 처할수록 10년을 계획하고, 20년을 꿈꾸고, 30년을 준비
하라. 인생은 하루살이가 아니요, 삶의 목적은 겨우살이가 아니다.

123 ㄱ

막다른 골목에도 언제나 세 가지 길은 존재한다. 뒤돌아가는 길,
담을 넘어가는 길, 담을 부수는 길. 인생의 막다른 길 역시 마찬가
지다.

124 ㄱ

실패로부터 상처를 받는 것, 그것이야말로 최악의 실패다. 현명한
사람은 실패로부터 교훈을 얻고, 어리석은 사람은 실패로부터 상
처를 얻는다. 실패를 걸림돌이 아니라 디딤돌로 만들어라.

125 ㄱ

살다 보면 자신의 모습이 정말 초라하다고 느껴지는 순간이 있을
것이다. 낙심하지 마라. 이제 그보다 더 초라해지는 일은 없을 테
니까. 용수철은 가장 밑바닥에서 튀어 오르는 법이다.

126

아픔 없는 사랑을 꿈꾸는 것이 현명하지 못한 일이라면, 실패 없는 성공을 꿈꾸는 것 또한 어리석은 일이다. 사랑을 얻고자 하는 사람은 아픔을 감수해야 하며, 성공을 얻고자 하는 사람은 실패를 인내해야 한다.

127

인생에서 거듭되는 실패와 좌절, 실연의 아픔을 겪다보면 누구나 죽음의 유혹에 사로잡힐 때가 있다. 조금만 참고 기다려라. 멀지 않아 '정말 제대로 한 번 살아보고 싶다'는 삶의 유혹이 찾아올 것이다.

128

성공을 집으로 초대하라. 그렇지만 실패를 위해서도 의자를 마련해 둬라. 현명한 주인은 불청객에게도 환대를 보낼 줄 안다. 만약 그를 문전박대한다면 틀림없이 더 많은 제 편을 데려올 테니까.

129

아무것도 가진 게 없다고 생각될 때, 아무것도 이룬 게 없다고 생각될 때, 아무런 희망도 없다고 생각될 때, 바로 그 때 기쁜 마음으로 샴페인을 터트리고 자축하라. 이제 막 영웅이 되기 위한 첫 번째 관문을 통과한 셈이니.

130

어린 아이가 걸음마를 걷기 전까지 평균 3천 번 정도를 넘어진다. 그런데 어른이 되어 서너 번 넘어졌다고 일어나지 않는다면 그 얼마나 창피한 일인가? 실패란 최고가 되지 못하는 것이 아니라 최선을 다하지 못하는 것이다.

131

실패란 질문을 멈추는 것이다. "왜 자꾸 실패하는 것일까?" "어떻게 하면 성공할 수 있을까?"라는 질문을 멈추고 "에라 모르겠다. 어떻게든 되겠지. 될 대로 되라"고 마음먹는 것이 실패다. 인생을 실패로 끝내고 싶지 않다면 절대로 질문을 멈추지 마라.

飛上

제 4 부
소통을 위한 비상

우리는 수많은 사람들과 인간관계를 맺으며 살아갑니다.

어떤 사람과는 좋은 인연을 맺고 어떤 사람과는 심각한 갈등과 마찰을

빚기도 하죠. 그런 경험을 통해 사람과 사람 사이의 관계가

얼마나 중요하고 큰 영향을 미치는지를 깨닫곤 합니다.

어떻게 하면 닫힌 마음을 열고 친밀한 소통을 나눌 수 있을까요?

#가족

132.

자식 손 귀여운 줄은 알아도, 부모 손 귀한 줄은 모른다.

133.

참다운 교육이란 가르치는 것이 아니라 가리키는 것이다.

134.

돌아가신 후의 효도는 의무지만, 살아 계실 때의 효도는 권리다.

135 ⌐

역사에 이름을 남기려 애쓰지 말고,
지금 옆에 있는 사람들의 추억에 이름을 남겨라.
성공은 역사에 이름을 남기는 것,
행복은 사랑하는 사람들의 추억에
이름을 남기는 것이다.

행복한 가정은 미리 누리는 천국,
불행한 가정은 미리 맛보는 지옥.

자녀에게 칭찬을 들려주는 것보다 중요한 일은
자녀를 칭찬할 줄 아는 아이로 키우는 일이다.

인생을 헛되이 살고 싶지 않다면
도장을 찍고 한 약속보다
새끼손가락을 걸고 한 약속을 더 잘 지켜라.

139

인생이 가치 없게 느껴진다면, 지금 나와 '같이' 있는 사람들을 둘러보라. 목적지보다는 동반자가, 어떻게 가느냐보다는 누구와 함께 가느냐가 인생의 가치를 결정한다. 혼자 타는 크루즈보다 사랑하는 사람과 함께 타는 오리배가 더 행복하다.

140

젊었을 때 '부모 잘 못 만나 고생한다'는 원망이 생기면 꼭 명심하라. 나이 들어 '부모님이 자식 잘 못 만나 호강 한 번 못 해 보시는구나'라며 한탄하게 될지도 모른다는 사실을. 좋은 부모를 만나는 일도 중요하지만, 그보다 중요한 것은 좋은 자식이 되는 일이다.

141

현명한 부모와 어리석은 부모는 두 글자 차이다. 현명한 부모는 '하지 말라'는 말보다 '하라'는 말을 더 많이 하고, 어리석은 부모는 '하라'는 말보다 '하지 말라'는 말을 더 많이 한다.

142

부모는 아이의 교사다. 어떤 부모는 '저렇게 살 거야'라고 가르치고, 어떤 부모는 "저렇게 살지 말아야지"라고 가르친다. 이 사실만 잊지 않는다면 세상의 모든 부모는 저마다 훌륭한 교사가 될 수 있을 것이다.

143

효도의 시작은 부모에게 안부를 전하는 일이요, 효도의 끝은 부모의 안부를 챙기는 일이다. 아침과 저녁, 하루에 두 번 전화를 거는 것만으로도 누구나 효자가 될 수 있다. 돌아가신 후의 효도는 의무지만, 살아 계실 때의 효도는 특권이라는 사실을 명심하라.

144

부모가 자녀에게 꿈을 길러주는 것은 중요한 일이다. 부모가 자녀에게 도전정신을 길러주는 것 또한 가치 있는 일이다. 그렇지만 부모가 자녀에게 포기하지 않는 인내심을 길러주는 일은 반드시 필요한 일이다. 인생은 꿈을 가진 자가 성공하는 것이 아니라 포기하지 않는 자가 성공한다.

아들아, 인생에서 꿈을 이루고 싶다면
꼭 세 가지 사항을 실천하렴.

첫째, 학교에서는 절대로 졸지 마라. 근면과 성실은 성공의 보증수표란다.

둘째, 사회에서는 절대로 쫄지 마라. 용기와 자신감은 성공이 요구하는 구비서류란다.

셋째, 집에서는 절대로 조르지 마라. 아빠, 엄마에게도 꿈이 있다는 사실을 잊지 말고 보증인은 제발 다른 사람을 찾아라.

146

딸아, 행복한 결혼을 원한다면
세 가지 사항을 명심하렴.

첫째, 결혼에 대한 환상을 버려라. 결혼도 삶의 일부분이다. 인생을 살다 보면 기쁜 날, 슬픈 날이 교차되듯이 결혼생활에도 행복한 날, 불행한 날이 함께 찾아오기 마련이란다.

둘째, 배우자에 대한 환상을 버려라. 배우자는 네가 사랑하는 사람이지, 전지전능한 신이 아니다. 너와는 다른 생각, 네가 싫어하는 버릇, 네가 인내하기 힘든 여러 가지 잘못이나 실수를 저지를 수 있다는 사실을 잊지 말아야 한다.

셋째, 자신에 대한 환상을 버려라. 너는 완벽한 배우자라기보다는 이제 막 운전대를 잡은 초보 운전자와 같다. 아무쪼록 자신만만하게 굴지 말고 천천히 조심스럽게 결혼생활이라는 차를 몰아라. 대부분의 접촉사고가 처음 1년 이내에 발생한다는 사실을 잊지 말아야 한다.

마지막으로 한 가지를 덧붙인다. 부디 부모에 대한 환상도 버려라. 아기는 스스로 알아서 키우고, 부부싸움 했다고 달려오지 마라. 이제는 엄마, 아빠도 행복한 결혼생활을 하고 싶단다.

#친구

147 ↘

우정은 믿는 것이요, 사랑은 느끼는 것이다.

148 ↘

친구란 나의 슬픔을 등에 짊어지고 가는 사람이 아니라,
그의 슬픔을 내 등에 짊어지고 가야할 사람이다.

149 ↘

나를 위해 목숨이라도 내어줄 수 있는 사람이 친구지만,
나를 위해 목숨이라도 내어주기를 바라는 것은 우정이 아니다.

150

진정한 친구란 등대와 같다.
인생의 암흑에서 우리를 올바른 길로 안내한다.

151

말없이 눈빛만 봐도 생각이 통하는 친구가 몇 명이나 있는가? 전화
목소리만 듣고도 기분을 알아차리는 친구, 속마음과 반대되는 말
을 해도 진심을 알아주는 친구, 나와 함께 기뻐하고 나와 함께 슬
퍼해 줄 친구가 몇 명이나 있는가? 진정한 친구 한 명은 행복이요,
두 명은 행운, 세 명은 하늘이 준 축복이다.

#사랑

152

우정은 보증수표지만, 사랑은 백지수표다.

153

사랑에는 증거가 없다. 오직 증인만 있을 뿐.

154

사랑은 정각 12시다. 둘이 만나 하나가 된다.

155

사랑에는 조건이 없고, 이별에는 이유가 없다.

156

사랑에 빠지면 바보가 되지만, 사랑을 멀리하면 백치가 된다.

157

실연은 시련과 같다. 오직 시간에 의해서만 고통에 종지부를 찍는다.

158

명중된 화살은 상처를 남기기 마련. 큐피드의 화살 또한 마찬가지다.

159

사랑과 선물은 주는 사람이 아니라 받는 사람에 의해 가치가 결정된다.

사람들이 좋아하는 7가지 짱

1. 얼짱 - 얼굴이 예쁜 사람이 아니라 밝은 미소, 긍정적인 표정을 짓는 사람이 얼짱이다. 화난 표정, 무뚝뚝한 표정을 좋아하는 사람은 아무도 없다. 거울은 먼저 웃지 않으니 내가 먼저 환한 미소를 짓자. 행복해서 웃는 게 아니라 웃으면 행복하다.

2. 몸짱 - 8등신, 근육질의 몸매가 아니라 바른 자세, 자신감 넘치고 당당한 태도가 몸짱이다. 어깨, 허리를 곧게 펴고 머리를 똑바로 들고 앞을 바라보라. 거만하거나 무기력해 보이지 말고 열정적이고 활기차게 행동하라. 말보다 중요한 것이 몸이다.

3. 맘짱 - 남을 배려하는 마음, 겸손한 마음, 봉사하는 마음이 맘짱이다. 다른 사람의 잘못이나 실수를 비판하지 말고 자신의 말과 행동을 조심하며 인간관계를 Give & Take가 아닌 Give & Forget으로 생각하고 조건 없이 먼저 베푸는 마음을 가져야 한다.

4. 배짱 - 용기 있는 마음, 도전하는 힘이 배짱이다. 실패란 넘어지는 것이 아니라 그 자리에 머무는 것이며 성공에 있어 가장 중요한 것은 좌절을 극복하는 태도다. 어려우면 도전하라. 실패하면 도전하라. 불가능에 도전하라. 인생은 죽는 날까지 멈출 수 없는 도전이다.

5. 말짱 - 적극적인 말, 긍정적인 말, 유머 있는 말을 잘하는 사람, 따뜻한 말을 건넬 줄 아는 사람이 말짱이다. 부정적인 말, 소극적인 말을 하지 말고 다른 사람에게 힘과 용기를 주는 말, 다른 사람의 마음에 기쁨과 행복을 주는 말을 하라.

6. 일짱 - 즐겁게 일하는 사람, 주어진 일에 최선을 다하는 사람, 자신의 분야에서 최고가 되려고 노력하는 사람이 일짱이다. 좋아하는 일을 하라. 하고 있는 일을 좋아하라. 그것이 성공이고 행복이다. 어차피, 누군가, 언젠가 해야 할 일이라면 지금, 먼저, 스스로 최선을 다하자.

7. 꿈짱 - 함께 이루고 싶은 가치관과 큰 목표가 있는 사람이 꿈짱이다. 함께 꾸는 꿈만이 진정한 꿈이요, 함께 꾸는 꿈만이 힘을 가질 수 있다. 꿈과 열정을 가지고 하루하루를 치열하게 살아라.

160

사랑을 잃어버렸다고 말하지 마라.
사랑은 원래 소유할 수 없는 것이다.

161

사랑할 시간이 어디 있으랴!
불꽃보다 뜨겁게 사랑할 시간도 부족하거늘.

162

누군가에게 '기대되는 사람'보다
누군가가 '기대도 되는 사람'으로 살아라.

163

어떤 대가도 치를 수 있지만 어떤 대가도 요구하지 않는 것, 그것이 사랑이다.

164

가시가 있다고 장미와 싸우지 말라. 장미를 사랑한다면 꽃과 가시를 모두 사랑하라.

165

청년 시절의 사랑은 스캔들, 중년 시절의 사랑은 로맨스, 노년 시절의 사랑은 에피소드.

166 ꒤

사랑에 빠진 사람에게 연인의 결점이란 동전의 옆면과 같다.
대개 있는 줄조차 모르니까.

167 ꒤

돈과 정치, 그리고 질투는 한 가지 공통점을 갖고 있다.
그들은 모두 인간을 악마로 만든다.

168 ꒤

내일 지구의 종말이 올지 모른다기에, 매일 아침
나는 '사랑한다'고 말했다.

169

친구란 괴로운 일이 생기면
함께 술잔을 부딪치는 사람,
연인이란 그 술잔 속에 얼굴이 떠오르는 사람.

170

사랑이란 신이 인간을 창조할 때
나름대로 최선을 다했다는 증거. 사랑의 아픔이란
악마 또한 가만히 지켜보고 있지만은 않았다는 증거.

171

연애와 인생은 자동차 운전과 같다.
액셀러레이터를 밟을 때와 브레이크를 밟을 때를
구별할 줄 알아야 한다.

사랑은 으레 활화산(活火山)으로 시작해
휴화산(休火山)으로 바뀌고
사화산(死火山)으로 끝을 맺는다.
오직 진실된 사랑만이 활화산으로 시작해
활화산으로 끝을 맺는다.

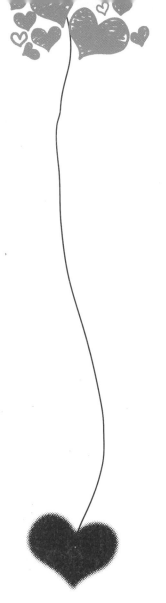

173

여자가 남자에게 사랑을 고백하는 날은 밸런타인데이,
남자가 여자에게 사랑을 고백하는 날은 화이트데이,
남자와 여자가 이별을 통보하는 날은?

에브리데이(Everyday)!

이상적인 연애 상대를 만날 수 있는 날은 2월 29일, 완벽한 결혼
배우자를 만날 수 있는 날은 2월 30일, 지금 내 옆에 있는 사람에
게 따뜻한 말 한마디를 건넬 수 있는 날은 투데이(Today)!

175

얼마나 사랑하는지를 말할 수 있다면
그것은 사랑이 아니다. 얼마나 사랑하
는지를 물을 수 있다면 그것 또한 사
랑이 아니다. 사랑은 눈 머는 것이 아
니라 입 머는 것이다.

#결혼

176 ᒃ
연애란 물드는 일이요, 결혼이란 철드는 일이다.

177 ᒃ
연애는 두근두근, 사랑은 사근사근, 결혼은 천근만근.

178 ᒃ
부부싸움이란 칼로 물 베기가 아니라 칼로 살 베기다.

179

사랑이란 예술 작품을 만드는 일,
결혼이란 예술 작품을 판매하는 일.

180

행복한 결혼생활에 필요한 것은 큰 침대가 아니라
배우자의 팔베개다.

181

연애시절에 섬기지 말아야 할 우상은 맹신, 결혼생활에 섬기지 말아야 할 우상은 불신이다.

182

부부싸움에도 기술이 필요하다. 가장 중요한 첫 번째 기술은 자녀들이 알지 못하게 싸우는 기술이다.

183

하룻밤을 함께 지내도 만리장성을 쌓지만, 수십 년을 함께 살아도 마음의 벽을 쌓는 게 남녀관계.

184

부부간의 말싸움이란 나침반의 양끝과 같은 것. 한 번도 같은 방향을 가리키지 않는다.

185

결혼생활을 시작하려면 사랑과 용기가 필요하지만,
결혼생활을 유지하려면 사과와 용서가 필요하다.

186

이혼이란 부모에게는 최악의 상황에 대한
최선의 선택이 될지 모르지만,
자녀에게는 최선의 상황에 대한 최악의 선택에 불과하다.

187

사회란 만인에 대한 만인의 투쟁이지만,
결혼이란 일인에 대한 일인의 투쟁이다. 그럼에도
결혼이 더욱 힘든 전쟁터라는 사실은 인생의 불가사의다.

188 ㄱ

부부간의 갈등이란 대개 '배우자' 때문이 아니라
'가르치자' 때문이다.
상대방의 잘못과 실수를 가르치지 말고,
자신의 잘못과 실수에서 교훈을 배워라.

189

부부싸움이란 이길 수 없는 전쟁이며, 이겨서도 안 되는 전쟁이며, 이겨도 지는 전쟁이다. 현명한 부부는 승전보다는 휴전과 평화협정에 노력을 기울인다.

190

부부싸움을 하지 않는 유일한 비결 한 가지가 있다. 그것은 결혼을 하지 않는 것이다. 부부싸움은 결혼생활의 혼수요, 지참금과 같아 누구도 피해갈 수 없다.

191

부부싸움과 갈등은 가위 바위 보와 같다. 어떤 사람은 끊고, 어떤 사람은 싸우고, 어떤 사람은 악수를 청한다. 당연히 가위보다는 바위가, 바위보다는 보가 낫기 마련이다.

성공적인 결혼생활의 비결은 바꾸려 애쓰지 말고 바뀌려 애쓰는
것이다. 그 중에서도 가장 중요한 것은 배우자에 대한 태도를 바꾸
는 일이다. 여왕처럼 대하면 왕으로 대접받고, 하녀처럼 대하면 하
인으로 대접받는다.

인간관계

193

만남은 인연, 관계는 노력이다.

194

위로란 '힘내!'라고 말하는 것이 아니라 '힘들지?'라고 묻는 것.

195

돈, 명예, 권력에 눈멀지 마라. 오직 사람에 눈멀어라.

196

Give & Take 하지 말고 Give & Thank you 하라.

197 ⸍

성공적인 인간관계의 비결은 마음을 얻는 것이 아니라 마음을 주는 것이다.

198 ⸍

인간의 삶을 명품으로 만들어 주는 것은 옷이나 가방이 아니라 손품, 발품, 머리품, 그리고 인품과 베풂이다.

199

사람이 돈보다 먼저라고 생각하라. 그렇지 않고 돈이 사람보다 먼저라고 생각하면 그는 '돈 사람'이 된다.

200

꼽게 보지 말고 곱게 보라. 세상에 나보다 못한 사람은 없나니, 세상을 곱게 보고 사람을 곱게 보라. 곱게 보는 것이 고운 인생을 사는 길이다.

201

좋은 인맥을 만들고 싶다면 떠나라! 익숙한 것에서 낯선 것으로, 내가 속한 세계에서 새로운 세계로, 친숙한 사람들에게서 낯선 사람들에게로 떠나라. 고래를 잡으려면 바다로 가야 한다.

202

사람들로부터 인정(認定)을 받는 일은 매우 중요하다. 그렇지만 그보다 더 중요한 것은 사람에 대한 인정(人情)을 잃지 않는 일이다.

203

가장 반가운 것이 사람이며, 가장 무서운 것이 사람이다. 가장 가까운 것이 사람이며, 가장 먼 것이 사람이다. 무섭고 먼 사람이 아니라, 반갑고 가까운 사람이 되라.

204

인생을 1류 드라마를 만들고 살고 싶다면 좋은 인맥을 찾아가 이렇게 말하라. "내 인생에 출연해 주세요. 당신이 출연해 주면 내 인생이 멋진 한 편의 영화가 될 것입니다."

205 ⟍

길을 걸어가는데 돌이 가로막고 있다면 잠시 그 위에 앉아 쉬었다 가면 된다. 마차를 타고 가는데 돌이 가로막고 있다면 마땅히 그 돌을 치우거나 피해가야 한다. 인연이란 이와 같은 것, 선연과 악연이 따로 존재하지 않으니 돌을 탓하지 말고 나를 돌아보라.

206 ⟍

사람들을 만나면 항상 마음속으로 '나소너소우소'를 명심하라. "나는 소중하다. 너도 소중하다. 우리는 모두 소중하다." 그리고 그 소중한 사람을 소중하게 대하라. 틀림없이 좋은 인맥이 만들어질 것이다.

적을 만들지 말라. 친구는 성공을 가져오지만

적은 위기를 가져오고, 애써 얻은 성공을 무너뜨린다.

조직이 무너지는 것은 3%의 반대자 때문이며,

열 명의 친구가 한 명의 적을 당하지 못한다.

208

누구나 좋은 인맥을 만들 수 있는 최고의 비결이 한 가지 있다. 그
것은 '나뿐'이라고 생각하는 것이 아니라 '너뿐'이라고 생각하는 것
이다. 세상에 단 한 사람뿐인 것처럼 상대방을 대하라.

209

'나는 성공할 수 있을까?'라는 질문이 머릿속에 맴돌면 두 가지 질
문에 대답해 보라. 첫째, 내가 성공하기를 진심으로 바라는 사람들
이 몇 명이나 있는가? 둘째, 그 중에서 실제로 도움을 줄 수 있는
사람은 몇 명이나 있는가? 사람을 얻는 것이 성공이요, 사람을 얻
어야 성공한다.

210

사람이 길이요, 스승이요, 향기 나는 꽃이다. 인생의 길흉화복은
선연(善緣)과 악연(惡緣)에서 비롯되는 법이니 항상 따뜻한 말과 따
뜻한 행동을 하고, 차가운 말과 차가운 행동은 피하라. 사슴은 먹
이를 발견하면 무리를 불러 모으고, 별은 혼자 빛나지 않는다. 사
람이 사람과 함께 살아야 사람이다.

100m 달리기는 혼자 뛰고, 농구는 5명이 함께 뛴다. 야구는 9명이 뛰고, 축구는 11명이 뛰고, 럭비는 15명이 함께 뛴다. 그렇지만 인생이라는 경기에는 출전 선수에 아무런 제한이 없다. 인생에서 승리하고 싶다면 나와 함께 뛸 사람들을 많이 만들어라. 인생은 개인전이 아니라 단체전이다.

모두가 내 탓이다. 아랫사람과 관계가 좋지 못하면 리더십에 문제가 있는 것이요, 동료와의 관계가 좋지 못하면 파트너십에 문제가 있는 것이다. 윗사람과의 관계가 좋지 못하면 팔로우십에 문제가 있는 것이요, 아내와의 관계가 좋지 못하면 스킨십에 문제가 있는 것이다. 인생이란 배의 항로는 리더십, 파트너십, 팔로우십, 스킨십이라는 노를 어떻게 젓느냐에 따라 달라진다는 사실을 기억하라.

인간관계와 만남을 바라보는 데는 세 가지 방법이 존재한다. 한 가지는 '사람이 재산'이라고 생각하는 것이요, 다른 한 가지는 '사람이 운명'이라고 생각하는 것이다. 마지막 한 가지는 '사람이 우주'라고 생각하는 것이다. 그런데 재산은 잃어버릴 수 있고 운명은 바뀔 수 있지만, 우주는 영원히 나와 함께 존재한다. 따라서 누군가를 만났다면 새로운 우주를 만난 것이요, 누군가에게 아픔을 주었다면 우주 전체에 상처를 입힌 것이요, 누군가가 떠나갔다면 우주 전체와 이별한 것이라고 생각하라. 잘났건 못났건, 한 명의 사람이 곧 하나의 우주다.

분노

214

분노란 미친 말과 같다.
다스리려 애쓰지 말고 뛰어내려야 한다.

215

수심(愁心)에 가득 찬 얼굴보다 불행한 것은
복수심에 가득 찬 얼굴이다.

216

화란 성냥불과 같다. 옮아 붙지 않도록
조심하면 이내 꺼지기 마련이다.

탐욕과 분노는 황색 신호등과 같다. 멈춰야 하는 줄 알면서도 대부분 그대로 직진한다.

화가 목구멍까지 치밀어 오를 때는 오직 두 가지 해결 방법이 존재할 뿐이다. 첫째, 입을 다물어라. 둘째, 이를 악물어라.

1초만 지나도 전생(前生)이다. 항상 현생에 살고 전생의 일은 모두 잊어버려라.

220 ·

누군가의 잘못을 용서하기 어렵다면, 그의 가슴에 '초보인생'이라는 표지가 붙어 있다고 생각하라. 어쩌면 그 밑에 작은 글씨로 이렇게 적혀있을지도 모르니까. "저도, 제가 무서워요"

221 ·

용서란 신이 자신의 모습을 닮을 수 있도록 사람에게 내려 준 특별한 축복이다. 우리는 그 기회를 놓치지 말아야 한다. 누군가를 용서하려는데 마음이 내키지 않는다면 명심하라. 용서란 상대방을 위한 것이 아니라 나를 위한 것이라는 사실을.

222 ·

누군가를 미워한다는 것은 그에게 기대감을 갖고 있었다는 뜻이다. 내가 기대하는 대로 행동하지 않기 때문에 그가 미워지는 것이다. 그렇다면 이렇게 생각해 보는 건 어떨까? '나는 그를 미워하는 것이 아니라, 그의 행동에 실망을 느꼈을 뿐이다.' 미움은 실망의 다른 모습일 뿐이며, 실망은 그의 책임이 아니라 전적으로 나의 책임일 뿐이다.

223

마음속에 분노가 치밀어 오르면 "과연 이렇게까지 화를 낼 필요가 있을까?"라고 스스로에게 질문해 보라. 그렇지 않다고 생각되면 화를 낼 필요가 없고, 그렇다고 생각되면 더욱 화를 내서는 안 된다. 그것은 분노로 해결되지 않는 매우 심각한 문제일 것이기 때문이다. 가벼운 문제는 웃고 넘어가고, 중요한 문제는 분노가 아니라 해결책을 찾아라.

224

누군가 비난의 화살을 쏘면 가슴에 꽂아두지 마라. 화살을 뽑지 않으면 상처가 깊어지고, 가슴이 썩게 된다. 그러면 복수심에 사로잡혀 상대방의 가슴에 다시 화살을 꽂게 된다. 결국, 적과 원수가 만들어지고 인생의 악연이 생겨나는 것이다. 물론 다른 사람의 잘못을 너그럽게 용서하는 것은 절대로 쉬운 일이 아니다. 그렇지만 가슴에 화살을 꽂은 채 평생을 살아간다면 그 또한 너무나 어리석은 일 아니겠는가? 비난이나 비판은 가슴에 담아두지 말고 흘려보내라. 쓸데없는 원망과 증오로 내 가슴을 썩게 만들지 마라.

225

불평이란 마약과 같다. 한 번 중독되면 벗어나기 어렵다.

226

욕심과 불평에는 끝이 없고, 감사와 칭찬에는 뒤끝이 없다.

227

침묵이란 인간이 입으로 할 수 있는 가장 위대한 일이다.

228

눌변은 달변을 이기지 못 하고, 달변은 침묵을 이기지 못 한다.

229

탓하지 말고, 흉보지 마라. 인간이 탓하고 흉볼 수 있는 건
오직 자기 자신뿐이다.

230

감투는 그 사람의 신분을 알려주지만,
말투는 그 사람의 인격을 알려준다.

231

인생을 뒷담화로 낭비하는 사람이 있고,
인생을 담화문에 투자하는 사람이 있다.

232

어리석은 사람의 입이 원하는 건 면책특권,
현명한 사람의 입이 원하는 건 묵비권.

233

언제 화장실 문을 열고 닫아야 하는지는 알면서도,
언제 입을 열고 닫아야 하는지는 모르는 것이 인간.

234

누군가와 담을 쌓고 싶으면 악담을 하고,
누군가의 담을 무너뜨리고 싶으면 농담을 하라.

235

인간에게 두 개의 귀, 한 개의 입이 있는 이유는
듣기를 두 배로 하라는 뜻이 아니라
말하기를 반으로 줄이라는 뜻이다.

236

누군가를 비판하려는데 마음이 아프지 않다면
차라리 입을 다물어라. 신이 혀를 입속에 넣어둔 이유는
아무 때나 함부로 사용하지 말라는 뜻이다.

237

소통은 이해시키는 것이 아니라 이해하는 것이다.
소통은 말하는 것이 아니라 듣는 것이며,
듣는 것이 아니라 마음을 읽는 것이다.
소통은 복화술이 아니라 독심술이다.

238

칼은 1m 떨어진 곳에 있는 사람을 해칠 수 있고, 화살은 100m 떨어진 곳에 있는 사람을, 총은 1,000m 떨어진 곳에 있는 사람을 해칠 수 있지만, 입에서 나오는 말은 지구 반대편에 있는 사람도 해칠 수 있다.

239

"살 맛 안 난다"고 말하지 마라. 그런 말은 식인종이나 하는 말이다. "힘들어 죽겠다"고 말하지 마라. 힘들면 그저 힘 빼면 된다. 내마음에 전쟁(war)을 불러오는 말(지겨워, 미워, 두려워)을 사용하지 말고 내 마음을 따뜻하게 해 주는 말(사랑해, 미안해, 감사해)을 사용하라. 성공과 실패, 행복과 불행은 내가 어떤 말을 사용하느냐에 달려있다.

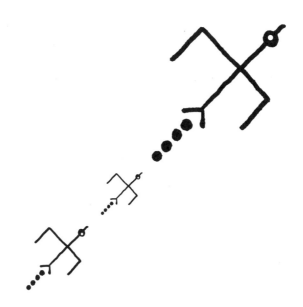

飛上

제5부
쉼표를 주는 비상

누구도 인생이라는 여행의 목적이 무엇인지 정답을 말할 수는 없을 겁니다.
그렇지민 죽음이라는 마지막 지점에 가상 빨리, 보다 정확하게
도착하는 것이 인생의 목적은 아니라는 것은 분명합니다.
우리는 인생 여정을 즐겨야 합니다. 숨 가쁘게 돌아가는 삶의 여정에
쉼표를 찍고 조금 더 여유롭게 살 수 없을까요?

#배움

240

모든 관념은 고정관념이다.

241

가장 뛰어난 관점은 겸손이다.

242

역발상이란 물구나무를 서는 것이 아니라 뒤돌아보는 것이다.

243

책이란 영혼의 산책이요, 양심의 가책이요, 성공과 행복의 묘책이다.

244

많이 배웠다고 자만하지 마라. 가방끈이 길면 땅에 끌리기 마련이다.

245

하루에 한 가지씩 그 날의 배울 점을 찾아라. 삶이 현명해 질 것이다.

246

독서와 사색을 즐겨라. 독서는 지혜의 리필이요, 사색은 영혼의 업데이트다.

인생에서 꼭 필요한 5가지 끈

인생은 끈이다. 사람은 끈을 따라 태어나고, 끈을 따라 맺어지고, 끈이 다하면 끊어진다. 끈은 길이요, 연결망이요, 인연이다. 내가 가지는 좋은 끈이 좋은 인연, 멋진 인생을 만든다.

1. 매끈
까칠한 사람이 되지 마라. 보기 좋은 떡이 먹기 좋고 모난 돌은 정맞기 쉽다. 세련되게 입고, 밝게 웃고, 자신감 넘치는 태도로 매너 있게 행동하라. 외모가 미끈하고 성품이 매끈한 사람이 되라.

2. 불끈
오기 있는 사람이 되라. 실패란 넘어지는 것이 아니라 넘어진 자리에 머무는 것이다. 동트기 전이 가장 어두운 법이니 어려운 순간일수록 오히려 불끈하라. 가슴속에 불덩이 하나쯤 품고 살아라.

3. 화끈
미적지근한 사람이 되지 마라. 누군가 해야 할 일이라면 내가 하고, 언젠가 해야 할 일이라면 지금 하고, 어차피 할 일이라면 화끈하게 하라. 눈치 보지 말고 소신껏 행동하는 사람. 내숭떨지 말고 화끈한 사람이 되라.

4. 질끈
용서할 줄 아는 사람이 되라. 실수나 결점이 없는 사람은 없다. 다른 사람을 쓸데없이 비난하지 말고 질끈 눈을 감아라. 한 번 내뱉은 말은 다시 주워 담을 수 없으니 입이 간지러워도 참고, 보고도 못 본 척할 수 있는 사람이 되라. 다른 사람이 나를 비난해도 질끈 눈을 감아라.

5. 따끈
따뜻한 사람이 되라. 계산적인 차가운 사람이 아니라 인간미가 느껴지는 사람이 되라. 털털한 사람. 인정 많은 사람. 메마르지 않은 사람. 다른 사람에게 베풀 줄 아는 따끈한 사람이 되라.

끈끈한 만남이 그리운 세상이다. 쉽게 만나고 쉽게 헤어지는 인연이 아니라 한번 인맥은 영원한 인맥으로 만나려는 끈끈한 사람들이 아쉬운 세상이다. 매끈, 불끈, 화끈, 질끈, 따끈함으로 질긴 인연의 끈을 만들어 보자. 나도 누군가에게 좋은 끈이 돼 주고 싶다.

247

지혜와 겸손은 시소와 같다. 한 쪽이 높아질수록 다른 한 쪽은 낮아진다.

248

겸손은 성공하는 사람의 패스워드요, 자만은 실패하는 사람의 패스워드다.

249

무엇이든 적어라. 암기하는 것은 머리에 남지만 기록하는 것은 역사에 남는다.

250

청년이란 '왜?'라는 질문이 많은 사람이요, 중년이란 '어떻게?'라는 질문이 많은 사람이고, 노년이란 '언제?'라는 질문이 많은 사람이다.

251

운명을 바꾸는 데는 두 가지 방법이 있다. 하나는 책이요, 다른 하나는 사람이다.

252

무언가를 고민하는데 어떻게 해야 좋을지 갈피를 잡을 수 없다면, 책갈피 속에서 길을 찾으라. 책이란 인생의 스승이요, 나침반이다.

253 `

부자가 되려면 버는 일보다 쓰는 일에 관심을 가져야 한다. 머리와 시간, 그리고 돈을 쓰는 세 가지 방법에 의해 부자와 빈자가 결정된다.

254 `

젊어서는 자신이 세상을 바꾸려 노력하고, 중년에는 세상이 자신을 바꾸지 않도록 노력하고, 노년에는 세상이 자신을 바꾸도록 노력하라.

255 `

모르는 것을 아는 척 하기란 어렵다. 그렇지만 아는 것을 모르는 척 하기란 더욱 어렵다. 어리석은 사람은 모르는 것을 아는 척 하고, 현명한 사람은 아는 것도 모르는 척 한다.

256

매일 저녁 색안경을 벗고, 생각의 옷을 갈아입고, 마음의 때를 씻어라. 아집과 편견은 지혜로운 인간이 되기 위해 물리쳐야 할 최대의 적이다.

257

나는 사람들이 말하는 어떠한 성공(成功)도 추구하지 않는다. 성불(成佛)도 내가 원하는 것은 아니다. 내가 유일하게 바라는 것은 스스로 온전한 성인(成人)이 되는 일뿐이다.

258

세상에는 세 가지 지혜가 있다. 인생이 제 때마다 알려주는 것들, 인생이 뒤늦게 알려주는 것들, 인생이 절대로 알려주지 않는 것들. 현명한 삶을 살기 위해서는 인생이 뒤늦게 알려주는 것들, 그리고 인생이 절대로 알려주지 않는 것들에 더욱 많은 관심을 가져야 한다.

#지혜

259

즐길 수 없다면, 피하라.

260

사회는 네트워크요, 인생은 네트워킹이다.

261

인간이 이념을 만들고, 이념이 인간을 부린다.

262

종교란 과학자에게는 대안이요, 철학자에게는 위안이다.

263

세상을 따뜻하게 만드는 건 컴퓨터가 아니라 키스다.

264

여자에게 필요한 것은 핸드백, 아내에게 필요한 것은 샌드백.

265

남자에게 필요한 것은 비너스, 남편에게 필요한 것은 보너스.

266

정치란 수건돌리기와 같다. 항상 떠넘기기에 급급하니까.

267

신용은 돈으로 얻을 수 있지만 신뢰는 돈으로도 살 수 없다.

268

세상을 주름 잡을 수는 있어도,
얼굴의 주름은 잡을 수 없다.

269

인기란 장례식에 참석하는 문상객과 같다.
최고의 찬사를 바치지만 곧 잊어버리고 만다.

270

남자의 자신감은 지갑의 두께에 정비례하고,
여자의 자신감은 주름의 깊이에 반비례한다.

271

교만한 자의 입속에는 독사가 자라고,
겸손한 자의 입속에는 꽃이 자란다.

272

물리적 거리를 좁혀 주는 건 디지털이지만
마음의 틈을 좁혀 주는 건 아날로그다.

273 ㄱ

범사에 분노하라. 불만은 진보의 아버지요, 분노는 진보의 어머니다.

274 ㄱ

대중에 휩쓸리지 마라. 유행은 대개 우행(愚行)의 형제자매다.

275 ㄱ

에티켓을 잘 지켜라. 예의는 넥타이와 같고, 무례는 올가미와 같다.

276

다수결은 민주주의의 원칙이지만,
소수자 보호는 민주주의의 양심이다.

277

'정의는 평등하지 못하고, 평등은 정의롭지 못하다'는 것이 민주주의의 영원한 딜레마.

278

누구나 손만 있으면 실천할 수 있는 세 가지 위대한 일이 있다. 기도와 악수, 그리고 박수.

279

머리는 현명하게, 가슴은 따뜻하게, 입은 부드럽게, 손은 친절하게, 발은 신중하게 사용하라.

280

정치인이란 거울과 같다. 국민과 똑같이 행동하는 듯 보이지만 그들은 항상 정반대로 움직인다.

281 ↘

현대 사회의 비극은 '양의 탈을 쓴 늑대'가 아니라 '인간의 탈을 쓴 늑대'가 점점 더 많아지고 있다는 사실이다.

282 ↘

돈의 노예가 되면 몸이 비굴해지고, 사랑의 노예가 되면 마음이 초라해지고, 감정의 노예가 되면 영혼이 황폐해진다.

겸손은 인간관계를 성공으로 이끄는 디딤돌이요,
교만은 인간관계를 실패로 이끄는 걸림돌이다.
겸손한 자에게는 적이 없고, 교만한 자에게는 친구가 없다.

284 ﹀

청년 시절에는 가장 멀리 날고,
중년 시절에는 가장 높게 날고,
노년 시절에는 가장 낮게 날아라.

285

지갑 속에는 돈을,
주머니 속에는 열쇠를,
머릿속에는 지혜를,
가슴속에는 열정을,
눈속에는 사랑을,
입속에는 겸손을,
주먹 속에는 용서를,
신발 속에는 용기를 갖고 다녀라.

286

어린아이를 달콤하게 만드는 것은 초콜릿, 청년을 달콤하게 만드는 것은 키스, 중년을 달콤하게 만드는 것은 자녀의 웃음소리, 노년을 달콤하게 만드는 것은 연금, 모든 사람을 달콤하게 만드는 것은 칭찬.

영혼

287

사람의 몸은 이따금씩 휴식을 필요로 한다. 영혼은 더더욱 그러하다.

288

몸의 때는 물로 씻고, 마음의 때는 책으로 씻고,
영혼의 때는 눈물로 씻어라.

289

평화를 지키기 위해 전쟁을 치러야 할 때가 있다.
영혼의 평화 또한 마찬가지.

290

매일 아침 몸을 일으키지만 하루 종일 영혼이 잠자고 있다면,
그것은 죽은 하루다.

291

마음의 상처란 대부분 자기 자신에게 달려 있다.
상처는 절대로 받지 말고, 입지 말고, 키우지 마라.

292

몸무게에는 관심이 많으면서 영혼의 무게에는 관심이 없는 것이 사람.

293

친구를 찾고 싶으면 집 밖으로 나가고, 나를 찾고 싶으면
마음속으로 들어가라.

294

'하나도 변한 게 없다'는 말은 얼굴에 대한 최상의 칭찬이지만
영혼에 대해서는 최악의 모욕이다.

295 \

'영혼을 팔아서라도 이루고 싶은 꿈'은 소중하다.
그렇지만 '꿈을 포기해서라도 잃어버리고 싶지 않은 영혼'은
더욱 소중하다.

296

마음은 빈 상자와 같다. 보석을 담으면 보물 상자가 되고,
쓰레기를 담으면 쓰레기 상자가 된다.

인생에는 세 개의 통장이 있다. 하나는 돈과 재물의 통장이요, 다른 하나는 인간관계의 통장이요, 마지막 하나는 영혼의 통장이다. 첫 번째 통장은 마이너스가 될 수도 있지만, 두 번째 통장은 항상 잔고를 유지해야 하고, 세 번째 통장은 조금씩 잔고를 늘려나가야 한다. 돈 부자보다는 사람 부자가 되고, 사람 부자보다는 영혼 부자가 되라.

298 ﹨

영혼에도 분리수거의 날을 정하라. 교만과 허영의 빈 깡통, 불평과 불만의 폐지, 원망과 질투의 페트병, 탐욕과 이기심의 고철 덩어리를 일주일에 한 번씩 내다 버려라. 깨끗한 집보다 중요한 것은 깨끗한 영혼을 만드는 일이다.

299 ﹨

누구나 평생 부자로 사는 비결이 하나 있다. 돈이 많을 때는 돈 부자, 일이 많을 때는 일 부자, 돈과 일이 없으면 시간 부자, 시간마저 없을 때는 사람 부자로 살면 된다. 세상에서 가장 큰 부자는 곳간이 풍요로운 사람이 아니라 영혼이 풍요로운 사람이다.

300 ﹨

내가 이룬 성공은 든든한 후원자 한 명 덕분이다. 실패와 좌절을 겪을 때마다 그는 언제나 따뜻한 위로와 격려를 보내 주었다. 그가 내미는 손에 힘입어 나는 넘어진 자리에서 다시 일어설 수 있었다. 변함없이 나를 지켜 준 후원자, 그의 이름은 '내 마음 속의 자아'다.

301

캘린더에 한 달에 한 번 '나의 날'을 만들어라.
인간은 왜 자신이 세상에서 가장 소중한
존재라고 믿으면서도 정작 자신을 위한
기념일 하나 만들지 못한 채 살아가는 걸까?

302

자서전은 대필할 수 있
지만 인생은 직접 써야
하고, 자서전은 교정할
수 있지만 인생은 고쳐
쓸 수 없다. 오늘 하루
를 인생의 명장면으로
만들어라.

시간#

303

신이 모든 사람에게 공평하게 내려준 재산이 시간,
신이 모든 사람에게 공평하게 내려준 재능이 미소.

304

미래에 대해서는 별다른 관심이 없다. 나의 마음을 사로잡는 것은
'지금 이 순간, 가슴 뛰는 삶을 살고 있는가?'라는 문제뿐이다.

305

일주일 중에서 가장 즐겁고 행복한 날은? 선데이(Sunday)
일주일 중에서 가장 힘들고 피곤한 날은? 투데이(Today)

306

오늘은 다시 돌아가고 싶은 어제다.

307

매일 아침 눈을 뜰 때면 이렇게 생각하라. '하루는 인생의 일부가 아니라 일생의 전부다. 오늘의 역사는 오늘 끝나며, 내 인생에 덤은 없다.'

308

매일 아침 눈을 뜨는데
왜 조금 더 현명하게 살지 못하는가?
매일 밤 눈을 감는데
왜 조금 더 너그럽게 살지 못하는가?
어제보다 더 현명하게,
어제보다 더 너그럽게 살지 못했다면
오늘 하루는 실패한 시간이다.

309

세상에서 황금이나 소금보다 소중한 것은 '지금'이라 말한다.
아마도 어떤 사람은 '현금'이라고 말하고 싶을 것이다.
나는 이렇게 말하고 싶다. 세상에서 가장 소중한 것은
'지금'이지만 세상에서 가장 소중했던 것은 '방금'이라고.

화를 내는 시간이 아깝다.

슬픔에 젖어 있는 시간이 아깝다.

다른 사람을 비난하는 시간이 아깝다.

지나간 일을 후회하는 시간이 아깝다.

다른 사람이 가진 것을 부러워하는 시간이 아깝다.

아직 다가오지 않은 일을 걱정하는 시간이 아깝다.

모든 것은 흘러가고 다시 돌아오지 않으니

지금 이 순간이 참으로 아깝지 않은가?

아까운 인생을 불행의 시간으로 흘려보내지 말라.

불행을 선택하기에는 인생이 너무 짧다.

311 ＼

"오늘 또 인생의 하루가 줄어들었다"고 한탄하지 말라. "오늘 또 치열하고 진실 되게 산 인생의 하루가 늘어났다"고 말하라. 참다운 인생은 하루하루 줄어드는 것이 아니라 가치 있게 산 날들이 하루하루 늘어나는 것이다.

#청춘

312

젊은이여, 야구 방망이를 휘둘러라. 홈런을 칠 수 있을 것이다. 골
프채를 휘둘러라. 홀인원을 할 수 있을 것이다. 아무에게나 주먹을
휘둘러라. 인생을 공치게 될 것이다.

313

꾸밈없는 젊음은 아름답지만, 꿈 없는 젊음은 빈곤하다. 젊어서는
얼짱보다 꿈짱이 되라.

314

젊은이여, 실패를 두려워 마라. 우리가 배워야 할 인생의 지혜는
공자, 맹자, 손자가 아니라 '패자'가 더 많이 알려주는 법이다.

315

젊었을 때, '내 인생은 앞으로 어떻게 될까?'라는 질문에 진지하게 대답하라. 그렇지 않으면 늙었을 때, '내 인생이 어쩌다 이렇게 됐을까?'라고 묻게 될 테니.

316

젊은이여, 꿈을 기다리지 마라. 그것은 찾아오는 것이 아니라 발견하는 것이요, 발견하기보다는 정립하는 것이다. 자신의 인생에 대한 자주적인 인간의 독립 선언문, 그것이 바로 꿈이다.

317

청춘과 사랑은 바람과 같다.
느끼는 순간 지나가 버린다.

젊은이여, 꿈이 없다고 기죽지 마라.

목적지가 정해져 있다고 반드시 더 멋진 여행이 되는 것은 아니다.

능력이 없다고 원망하지 마라.

천부적인 재능은 하늘의 뜻이지만

초인적인 능력은 사람의 의지에 달려 있다.

실패했다고 자책하지 마라.

누구나 돌부리에 걸려 넘어지지만,

그렇다고 인생이 끝나는 것은 아니다.

오직 한 가지만 명심하라.

여행을 망치고 싶지 않다면

즐거운 마음으로 여행해야 한다는 사실을,

그리고 인생이라는 여행 또한 마찬가지라는 사실을.

젊은이여, 인생을 되는 대로 막 살아라. 하고 싶은 일을 하고, 먹고 싶은 것을 먹고, 입고 싶은 것을 입어라. 보고 싶은 것을 보고, 듣고 싶은 것을 듣고, 하고 싶은 말을 하라. 가고 싶은 곳을 가고, 만나고 싶은 사람을 만나고, 사랑하고 싶은 사람을 사랑하라. 떠나고 싶을 때 떠나고, 머무르고 싶을 때 머무르고, 돌아오고 싶을 때 돌아오라. 되는 대로 살고, 끌리는 대로 살아라. 그러면 머지않아 깨닫게 될 것이다. 방황은 청춘의 특권이지만, 청춘은 인생의 면죄부가 아니라는 사실을.

젊은이에게 필요한 최고의 성공 비결은 스승을 찾는 것이다. 성공하고 싶다면 스승을 찾아라. 다른 사람의 실패를 반복하고 싶지 않다면 스승을 찾아라. 인생을 지혜롭게 살고 싶다면 스승을 찾아라. 행복의 비결이 궁금하다면 스승을 찾아라. 꿈을 갖고 싶다면 스승을 찾아라. 평생의 조언자가 필요하다면 스승을 찾아라. 생각과 행동의 변화가 필요하다면 스승을 찾아라. 위로와 격려가 필요하다면 스승을 찾아라. 70억 명이 넘는 인구 중에 스승 한 사람을 찾지 못한다면, 그가 인생에서 발견할 수 있는 것이란 도대체 무엇이겠는가?

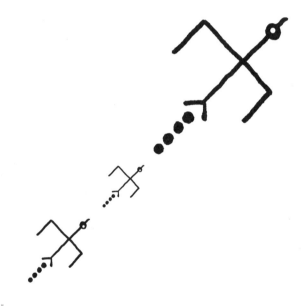

飛上

제6부
행복을 얻는 비상

가끔 자문해봅니다. 배부른 돼지와 배고픈 소크라테스 중에서 한 쪽을
선택해야 한다면 나의 결정은 무엇일까? 때로는 너무나 고단하고 척박한
삶이 싫어 그냥 배부른 돼지가 되고 싶다고도 생각하지만 그것이 진짜 행복은
아니겠지요. 단지 물질적 풍요나 쾌락만이 아닌, 우리의 영혼을 맑고
깨끗하게 지키면서 얻는 행복, 그것이 참 행복일 것입니다.

#행복

321

더 많이 기억하는 자가 성공하고, 더 많이 잊는 자가 행복하다.

322

성공을 찾으려면 눈에 불을 켜고, 행복을 찾으려면 마음에 불을 밝혀라.

323

꿈에는 등급이 없고, 성공에는 대역이 없고, 행복에는 극본이 없다.

324

진정한 행복이란 잃고 싶지 않은 것이라기보다는 함께 나누고 싶
은 것이다.

325 ⟍

때로는 '인생이 조금 불행하면 또 어때!'라는 생각이 나를 행복하게
만들어 주었다.

326 ⟍

삶에 필요한 것을 얻어라. 행복해질 것이다. 삶에 불필요한 것을
버려라. 더욱 행복해질 것이다.

327 ⟍

인간이 불행한 존재라는 사실에 대해서는 두말할 필요 없다. 자신
이 얼마나 행복한지조차 모른 채 살아가니까.

328 ⟍

"10년만 더 젊었더라면"이라고 말하는 사람보다는 "10년 더 늙지
않았으니"라고 말할 줄 아는 사람이 행복하다.

329

낮에 '행복의 비결은 좋은 생각을 하는 것'이라 생각했는데
밤에 '행복의 비결은 아무 생각을 하지 않는 것'이라 생각하네.

330

지금 행복해라. 내 인생은 나의 것이지만
내일은 나의 것이 아니다.
미래를 위해 현재를 희생하지 말고
지금, 이 순간을 즐겨라.

331

성공이 100m 경주라면 인생은 42.195km 마라톤이요, 행복은 경보다. 성공은 빨리 달려야 하고, 인생은 끈기 있게 달려야 하고, 행복은 천천히 달려야 한다.

332

행복의 문으로 입장하고 싶다면 열쇠를 찾으려 두리번거리기 전에 먼저 문이 잠겨 있는지 확인하라. 대개 행복으로 들어가는 문에는 자물쇠가 채워져 있지 않다.

333

행복이라는 바닷가에 도착하기 위해 반드시 성공이라는 산을 넘어야 할 필요는 없다는 사실을 사람들은 대개 산 중턱쯤에 이르러서야 깨닫곤 한다.

334 ㄱ
삶은 시시각각 우리 앞에 놓이는 갈림길이다. 과거에 대한 추억과 한탄, 현재에 대한 감사와 불평, 미래에 대한 설렘과 두려움 중에서 어느 길을 택하느냐에 따라 행복과 불행이 결정된다.

335 ↘

언제, 어디서나, 누구든지, 즉시 행복해 질 수 있는 비결이 한 가지 있다. 그것은 바로 '나는 행복하다'고 생각하는 것이다. '행복하다'고 생각할 수 있는 사람이 행복하고 '행복하다"고 생각할 수 없는 사람이 불행하다.

336

돈이 많은 사람은 명예를, 명예를 얻은 사람은 권력을, 권력을 얻은 사람은 청춘을, 청춘을 가진 사람은 멋진 외모를, 멋진 외모를 지닌 사람은 돈이 많은 사람과 비교하며 스스로 불행의 늪에 빠진다. 행복한 삶을 원한다면 비교와 시샘을 버려라.

337

인생의 목적이 행복이라고 말하는 것은 촛불의 목적이 뜨거워지는 것이라고 말하는 것과 마찬가지다. 촛불의 목적은 세상을 밝히는 것이요, 인생의 목적은 자신의 영혼을 밝히는 것이다. 행복은 인생의 목적이 아니라 부산물이다.

338

사실 행복의 비결은 간단하다. 그저 좋은 생각을 하면 된다. 좋은 생각을 하면 좋은 말, 좋은 행동이 나오고 결국 좋은 삶이 만들어진다. 나와 너, 그리고 세상에 대해 좋은 생각을 하라. 과거, 현재, 미래에 대해 좋은 생각을 하라.

339

나는 행복 방정식을 H=E+P+R이라 생각한다. H는 행복 (Happiness), E는 노력(Effort), P는 긍정(Positive), R은 관계 (Relationship)를 의미한다. 행복은 노력이다. 행복은 선택하는 것이 며 행복한 사람은 스스로 행복해지는 것을 선택했을 뿐이었다. 행 복은 긍정이다. 스스로 행복하다고 믿지 않는 한 누구도 행복할 수 없다. 부족한 것보다는 가진 것들에 대해 감사하고 비관보다는 낙 관, 부정보다는 긍정할 줄 아는 사람만이 행복할 수 있다. 행복은 관계 속에서 찾아온다. 누군가를 사랑하고, 누군가에게 사랑받고, 서로 베풀고 나누는 관계 속에서 참된 행복을 얻을 수 있다.

340

세상에는 매일 불평불만을 늘어놓는 앵무새, 어디에서도 만족할
줄 모르고 떠돌아다니는 철새, 스스로 행복하게 살아가는 파랑새
처럼 세 가지 유형의 사람이 있다. 행복을 얻고 싶다면 앵무새나
철새가 아닌 파랑새가 되라.

341

행복하지 않은 시간도 행복하게 살아라. 인생에서 저절로 찾아오
는 행복은 찰나에 불과할 뿐이다. 만약 우리가 행복한 시간만을 소
중히 여긴다면 행복하지 않은 인생의 대부분은 그저 무의미하게
흘러가 버릴 것이다. 미래가 아니라 현재에 살며, 내일이 아니라
지금이라는 시간을 행복하게 만들어라. 인생에서 '행복하지 않은
시간'을 소중히 채워가는 것, 그것이 바로 행복이다.

342

'내 삶은 왜 이렇게 불행한 걸까?'라는 생각이 마음속에 떠오르면
스스로에게 다시 질문해 보라. '내 삶은 왜 반드시 행복해야만 하는
걸까?' 행복해야 하는데 행복하지 못하다는 생각이 불행의 가장 큰
원인이다. 행복에 대한 집착과 욕심을 버려라. 조금 덜 불행해질
것이다.

세잎클로버의 꽃말은 행복, 네잎클로버의 꽃말은 행운이다. 흔히 사람들은 눈에 잘 보이지 않는 행운(네잎클로버)을 찾으려 애쓰기 보다는 주변에 가득 널려있는 행복(세잎클로버)을 더 소중히 여겨야 한다고 말한다. 그렇지만 달리 생각해 보면 네잎클로버를 찾으려는 결심과 행동이야말로 보다 높은 차원의 행복이 아닐까? 일상의 평범함에 만족하기 보다는 현실에서 이루기 힘든 크고 위대한 꿈, 불가능한 비전에 도전하는 것이야말로 우리가 추구해야 할 가장 가슴 뛰는 행복일 것이다. 세잎클로버를 소중하게 생각하되, 네잎클로버 찾는 일을 포기하지 마라. 진정한 행복은 만족이 아니라 도전이다.

여유#

344

걱정은 팔자! 웃음은 사자!

345

기뻐서 울 수 있다면, 슬퍼도 웃을 수 있다

346

세상이 너를 웃게 만들기 보다는, 네가 세상을 웃게 만들어라.

347

시간은 멈출 수 없지만, 시계는 잠시 꺼둘 수 있다.

348

아기에게 필요한 것은 유모, 어른에게 필요한 것은 유머.

349 ㆍ

가장 아름다운 꽃은 웃음꽃이요, 가장 아름다운 벌레는 헤벌레다.

350 ㆍ

인생이 한 권의 책이라면, 휴식과 여행이란 책갈피를 꽂아두는 일.

351 ㆍ

세상에서 가장 현명한 사람은 빈틈없는 사람이 아니라
쉴 틈을 잘 만드는 사람이다.

352 ㆍ

나에게는 실패와 불운에 맞서 싸울 수 있는 불체포특권이 있다.
그것은 유머다.

353 ㆍ

사는 일이 너무 힘들다고 생각될 때 자신의 지친 몸을
두 팔로 꼭 안아주며 이렇게 말해 보라.
"괜찮아. 수고했어. 다 잘 될 거야"

354

3, 7은 행운의 숫자. 4, 13은 불운의 숫자.
1, 2, 5, 6, 8, 9는? 아라비아 숫자.

355

인생이란 기차역에서는 왕복표를 발매하지 않는다. 그래서 그 대신 판매하는 것이 '쉼표'다. 인생이란 달리는 기차가 아니라 중간 중간 쉬어 가는 간이역이라는 사실을 기억하라.

356

한 번의 화(火)가 만 가지 화(禍)를 부른다. 참을 인자 셋이면 살인도 면한다고 했으니 마음속에 '화화화'가 생기면 '하하하' 소리 내어 웃어라. '화'는 눈물을 부르고 '하'는 웃음을 부른다.

357

미소는 아름답다. 미소는 유쾌하다. 혹시라도 다른 사람을 끌어당기고 싶다면 미소를 지어라. '당기소'는 미소의 반대말이 아니라 미소의 동의어다. '미소'는 사람을 끌어당기는 강력한 자석이다.

358

성공한 인생이란 물음표(?)와 마침표(.) 사이에 느낌표(!)를 적어 넣는 기술. 행복한 인생이란 물음표(?)와 마침표(.) 사이에 쉼표(,)를 적어 넣는 기술.

359 ⟍

삶이 무겁게 느껴진다면, 이 세상에 처음 도착했을 때를 생각해 보라. 인생이라는 여행에서 신이 허락한 것은 무전여행이거늘 어리석은 사람들이 자꾸만 배낭을 무겁게 꾸리고 있다. 마음의 짐을 모두 내려놓고 빈 몸으로 걸어가라.

360 ⟍

어떤 사람은 돈벌레로 살다 죽고, 어떤 사람은 일벌레로 살다 죽는다. 어떤 사람은 공부벌레로 살다 죽고, 어떤 사람은 책벌레로 살다 죽는다. 나에게 어떻게 살고 싶은지 묻는다면 나는 "헤벌레 웃으며 살다 죽고 싶다"고 대답할 것이다. 한 번 뿐인 인생이다. 밝은 얼굴로 웃으며, 즐겁게 살아보자.

인생은 길과 같다. 그러니 천천히 걷고, 느리게 걸어가라. 신이 우리에게 허락한 길은 언제 끝날지 모른다. 만약 길이 막혀 있으면 다른 길로 가라, 우회로가 없다면 왔던 길로 되돌아가라. 신이 우리에게 허락한 길은 일방통행로가 아닐 지도 모르는 일이다. 때로는 길이 아닌 길로 가라. 때로는 길이 없는 길로 가라. 신이 우리에게 허락한 길은 포장도로가 아니라 시골 흙길인지도 모른다. 혹시 걸음을 멈추고 싶다면 언제든지 멈춰라. 길가에 앉고 싶다면 그대로 길가에 앉으라. 신이 우리에게 바라는 것은 완주가 아니라 소풍일지도 모르는 일이다. 그러니 걷고 싶은 대로 걷고, 멈추고 싶은 곳에서 멈추고, 벗어나고 싶은 곳에서 벗어나고, 쉬고 싶은 데서 쉬어라. 인생은 길과 같다. 다른 사람의 길이 아닌, 나만의 길을 걸어가라.

#인생

362

젊음은 '아차', 중년은 '문득', 노년은 '벌써'

363

인생을 행복하게 살아가는 비결이 하나 있다. "참, 다행이야"라는 말을 많이 하라.

인생의 목적은 속도가 아니라 방향이며,
도착이 아니라 여정이다.

365

전쟁에서 승리한 영웅에게는 박수를, 인생이라는 전쟁터에서 살아남은 자신에게는 갈채를.

366

인생의 정답을 찾으려 애쓰지 마라.
아직 문제가 무엇인지조차 밝혀지지 않았으니.

367 ＼

인생은 짧다. 그 말을 입 밖에 내어 말하기에는. 그렇지만 그 말을 천만 번 되풀이 말할 수 있을 만큼은 충분히 길다.

368 ＼

"인생이 한 편의 영화, 또는 한 권의 책이라면 나의 인생에는 어떤 제목이 붙여질까?" 이 질문이 당신의 미래를 결정한다.

369 ＼

젊었을 때는 '이대로 그냥 죽고 싶다'며 진저리를 치다가도, 늙어서는 '이대로 그냥 죽을 수는 없다'며 몸부림을 치는 것이 인생이다.

370 ╲

자식의 도리도 못한 채 아비가 되고 아비의 도리도 못한 채 할아버지가 되는 것, 그것이 인생이다.

371 ╲

나이를 먹는다고 누구나 어른이 되는 것은 아니다. 마찬가지로 나이를 먹었다고 누구나 어른이 될 필요가 있는 것도 아니다.

인생에서 청년시절은 면, 중년시절은 선, 노년시절은 점과 같은 것. 젊었을 때는 방황하고, 나이가 들면 반복하며, 늙어서는 꼼짝하지 않는다.

인생에는 후회할 수 없는 일이 있고, 후회해서는 안 되는 일이 있고, 후회하고 싶지 않은 일이 있다. 그 밖의 후회라면 그야말로 후회할 필요없는 후회다.

374 、

누군가에게 위대한 영웅이 되는 것은 인간으로서 추구해 볼만한
목표지만 스스로에게 부끄럽지 않은 사람이 되는 것은 인간으로서
지켜야 할 책임이다.

375 、

대다수의 사람들이 받았다는 사실조차 알지 못하지만 누구에게나
주어지는 가장 큰 생일 선물이 한 가지 있다. 그것은 바로, 다시 생
일을 맞았다는 사실이다.

376

'삶의 회의'라는 단어를 사용하지 말라. 회의가 필요한 곳은 인생이
아니라 직장이다. '인생무상'이라는 말도 사용하지 말라. 인생에는
공짜가 없으며 성공과 행복은 언제나 유상(有償)이다.

377

인생이 무엇인지, 왜 살아야 하냐고 물어보면 나는 "잘 모르겠다"
고 대답할 것이다. 그렇지만 인생을 어떻게 살아야 하느냐고 물어
본다면 나는 이렇게 대답할 것이다. "남과 다르게, 그리고 어제와
다르게 살아라"

378

인생이란 이름의 학교에서 가장 놀라운 일은 단 한 명도 조기 졸업을 원하는 학생이 없다는 사실이다. 그런데 그보다 더 놀라운 일은 대부분의 사람들이 평생 학교생활에 대해 불평불만을 늘어놓는다는 사실이다.

379

인생은 해답지 없는 문제집을 푸는 일이요, 목적지 없이 출항한 배가 항로를 찾는 일이다. 또한 인생은 내가 쓰면 정답이 되는 문제집이요, 내가 지나는 길이 항로가 되는 항해다. 인생은 정답 없는 질문이요, 질문 없는 정답이다.

380

후회 없는 인생을 위해 매일 스스로에게 물어야 할 질문 세 가지가 있다. 첫째, 잘 살기 위해 잘못 살고 있는 것은 아닌가? 둘째, 행복하게 살기 위해 불행하게 살고 있는 것은 아닌가? 셋째, 미래의 성공을 위해 오늘 하루를 실패하고 있는 것은 아닌가?

381

인생은 어찌 보면 철드는 일이다. 봄, 여름, 가을, 겨울, 한 계절, 한 해가 지날수록 철이 드는 일이다. 잠시 일상의 생활을 멈추고 자신의 모습을 돌이켜 보자. 지금 얼마나 철이 들었는가 생각해 보고 인생에 대해, 세상에 대해, 사람들에 대해 조금 더 철이 들도록 노력하자. 이제 우리도 철이 들 나이쯤은 되지 않았을까?

382.

잊지 마라.
너만 그런 것이 아니다.
청춘만 그런 것도 아니고,
여자만 그런 것도 아니다.
가난한 사람만 그런 것도 아니고,
아픈 사람만 그런 것도 아니다.
실패한 사람만 그런 것도 아니고,
불행한 사람만 그런 것도 아니다.
떠나보낸 사람만 그런 것도 아니고,
떠나온 사람만 그런 것도 아니다.
사람이라 그런 것이고,
인생이라 그런 것이다.
모두 다 그렇고,
모두 다 그런 것이다.

383

인생에서 가장 맛없는 라면은 '했더라면'이다. '그 때 그 일을 했더라면……' '그 때 그 일을 하지 않았더라면……' 사람들은 대부분 이런 말을 하며 과거에 대한 미련과 후회로 아까운 시간을 허비하곤 한다. 멋있는 인생을 살고 싶다면 '후회라면'을 끓이지 말고 '이제부터라면'을 끓여라.

384

현실적인 삶을 위해서는 이성이 필요하다, 낭만적인 삶을 위해서는 감성이 필요하다. 그렇지만 올바르고 성숙한 삶을 위해 필요한 것은 반성(反省)이다. 하루에 몇 번이나 자신의 모습을 돌이켜 보고 있는가? 온전한 인격은 오직 반성을 통해서만 가능하다는 사실을 기억하고 하루에 세 번, 자신의 모습을 반성해 보라. 틀림없이 완성된 삶을 살아갈 수 있을 것이다.

385 ⟍

인생이란 채우는 일과 비우는 일이다. 지식과 정보로 머리를 채우고, 사랑으로 가슴을 채운다. 꿈을 채우고, 지갑을 채우고, 집을 채운다. 그러나 인생이란 비우는 것이 더 중요하다. 다른 사람의 생각을 받아들이려면 머리를 비워야 한다. 욕심이 지나치지 않으려면 마음을 비워야 하고, 다른 사람에게 베풀려면 지갑을 비워야 한다. 잘 비우는 사람만이 잘 채울 수 있고, 기쁨과 보람으로 가득 찬 인생을 살아갈 수 있다.

386 ⟍

하고 싶지만 하지 못하고, 하기 싫지만 해야 한다. 갖고 싶지만 갖지 못하고, 갖기 싫지만 가져야 한다. 보고 싶지만 보지 못하고, 보기 싫지만 얼굴을 맞대며 살아야 한다. 인생이란 그런 것이다. 마음먹은 대로 되는 것도 아니고, 마음먹지 않았다고 안 되는 것도 아니다. 살고 싶다고 살 수 있는 것도 아니요, 죽고 싶다고 죽을 수 있는 것도 아니다. 그러니 우리에게 필요한 것은 '너무 빠르게 오거나 너무 늦게 오더라도, 영원히 오지 않는 것보다는 낫다'는 믿음이다. 인생이란 결국 (마음의) 정반합(正反合)이다.

387 ⟍

인생이란 성공할 수 있다고 도전하고, 성공할 수 없다고 포기할 수 있는 것이 아니다. 성공할 수 있어도 포기하고, 성공할 수 없어도 도전해야만 하는 것이 인생이다. 그러니 가능성이나 확률은 모두 잊어버려라. 그저 하고 싶은 일을 하고, 해야만 하는 일을 하면서 살아라. 인생이라는 마라톤에서 우리가 42.195km의 어디까지 달릴 수 있을지는 아무도 모르는 일이다. 중요한 사실은 이미 경주가 시작되었다는 점이며, 우리에게 남겨진 일은 멈추지 말고 끝까지 달리는 일뿐이다. 결승점은 생각하지 말고, 그냥 최선을 다해 달려라. 그것이 인생이다.

#죽음

388

삶에는 재방송이 없고, 죽음에는 개봉박두가 없다.

389 ＼

월계관을 쓴 사람이건 가시관을 쓴 사람이건, 죽어서 관 속에 들어
가는 것은 마찬가지다.

390 ＼

왜 그렇게 황급히 뛰어 가는가? 죽음이란 아무리 천천히 가도 절대
로 늦지 않는 법이다.

391 ＼

신이 프롤로그를 장만하고, 인간이 본문을 작성하며, 죽음이 에필
로그를 장식한다.

392

죽음은 신과의 약속, 삶은 자신과의 약속.

393

내 묘비명에는 이렇게 한 글자만 적어다오. '쉿!'

394

어리석은 사람은 막으려 애쓰고, 평범한 사람은 잊으려 애쓰고, 현명한 사람은 맞으려 노력하는 것, 그것이 죽음이다.

395

올바르고 가치 있는 인생이 어떤 것인지는 알지 못하지만 적어도 내가 바라는 삶은, 마지막 숨을 거둘 때 주먹을 쥔 채 죽는 사람이 되지 않는 것이다.

인생이 여행이라면 죽음은 또 다른 여행이 아닐까?
삶의 마지막 순간에 나는 웃는 얼굴로 이렇게
세상 사람들과 작별하고 싶다.

"다녀오겠습니다."

1년 365일, 언제나 엄지를 곧게 세워라. 검지로 가고자 하는 방향을 가리켜라. 포기하고 싶은 마음이 들 때는 세상을 향해 중지를 흔들어라. 약지에 많은 사람들과의 연결고리를 맺어 두어라. 소지로 혈서를 쓰는 심정으로 매순간마다 사력을 다하라.
성공을 얻는 것은 여반장(如反掌)일 것이다.

다섯 손가락 성공 법칙

첫째, 엄지 법칙 엄지는 자신감. 어떠한 어려움이 닥쳐도 반드시 성공할 것이라는 자신과 미래에 대한 강한 믿음이 필요하다.

둘째, 검지 법칙 검지는 꿈. 성공으로 향하는 여정에 길을 잃지 않도록 도착하고자 하는 방향. 목표 지점을 정확하게 알려주는 비전 설정이 필요하다.

셋째, 중지 법칙 중지는 용기. 사람들의 비난과 반대, 회유와 압력, 고난과 역경에 굴복하지 않고 힘껏 맞서 싸우는 불굴의 투지가 필요하다.

넷째, 약지 법칙 약지는 사람. 백년해로를 약속하며 반지를 나눠 끼는 연인처럼 서로의 성공을 위해 힘을 보태줄 인생의 동반자. 꿈과 사명의 협력자가 필요하다.

다섯째, 소지 법칙 소지는 약속. 자신이 정한 목표와 계획은 죽을 힘을 다해서라도 반드시 지키는 치열한 노력, 실천력이 필요하다.